쓱싹 시리즈 ②

쓱 하고
싹 배우는

파워포인트 2013

저자 최홍주

YoungJin.com **Y.**
영진닷컴

쓱 하고 싹 배우는
파워포인트 2013

1016, 10F. Worldmerdian Venture Center 2nd, 123, Gasan-digital 2-ro, Geumcheon-gu, Seoul 08505, Korea.

All rights reserved. First published by Youngjin.com. in 2019. Printed in Korea

ISBN 978-89-314-6116-9

독자님의 의견을 받습니다

이 책을 구입한 독자님은 영진닷컴의 가장 중요한 비평가이자 조언가입니다. 저희 책의 장점과 문제점이 무엇인지, 어떤 책이 출판되기를 바라는지, 책을 더욱 알차게 꾸밀 수 있는 아이디어가 있으면 이메일, 또는 우편으로 연락주시기 바랍니다. 의견을 주실 때에는 책 제목 및 독자님의 성함과 연락처(전화번호나 이메일)를 꼭 남겨 주시기 바랍니다. 독자님의 의견에 대해 바로 답변을 드리고, 또 독자님의 의견을 다음 책에 충분히 반영하도록 늘 노력하겠습니다.

이메일 : support@youngjin.com

주 소 : 서울 금천구 가산디지털2로 123 월드메르디앙벤처센터 2차 10층 1016호 (우)08505

등 록 : 2007. 4. 27. 제16-4189호

STAFF

저자 최홍주 | **기획** 기획 1팀 | **총괄** 김태경 | **진행** 김연희 | **디자인** 박지은 | **편집** 박지은, 신혜미, 김하림
영업 박준용, 임용수 | **마케팅** 이승희, 김근주, 조민영, 김예진, 이은정, 임승현 | **제작** 황장협 | **인쇄** 제이엠

이 책은요!

파워포인트를 사용해 내가 직접 만드는 책인 PowerPoint Book,
Pbook을 제작해 봐요!

① POINT

챕터에서 배우게 될 내용을 간략하게 소개해요.

② 완성 화면 미리 보기

챕터에서 배우게 되는 예제의 완성된 모습을 미리 만나요.

③ 여기서 배워요!

어떤 내용을 배울지 간략하게 살펴봐요. 배울 내용을 미리
알아 두면 훨씬 쉽고 재미있게 배울 수 있어요.

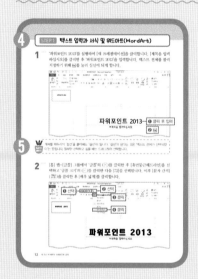

④ STEP

예제를 하나하나 따라 하면서 본격적으로 기능들을 익혀
봐요.

⑤ 조금 더 배우기

본문에서 설명하지 않은 내용 중 중요하거나 알아 두면
좋을 내용들을 알 수 있어요.

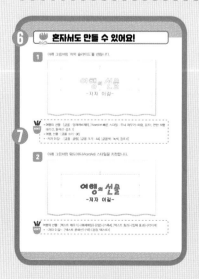

⑥ 혼자서도 만들 수 있어요!

챕터에서 배운 내용을 연습하면서 한 번 더 기능을 숙지
해 봐요.

⑦ HINT

문제를 풀 때 참고할 내용을 담았어요.

이 책의 목차

CHAPTER 01 파워포인트 개요

POINT

파워포인트는 회의나 세미나의 발표 자료를 만드는 프로그램입니다.

여기서는 파워포인트의 실행, 종료 방법과

화면 구성 요소를 살펴 어떤 기능이 있는지 배워 보겠습니다.

완성 화면
미리 보기

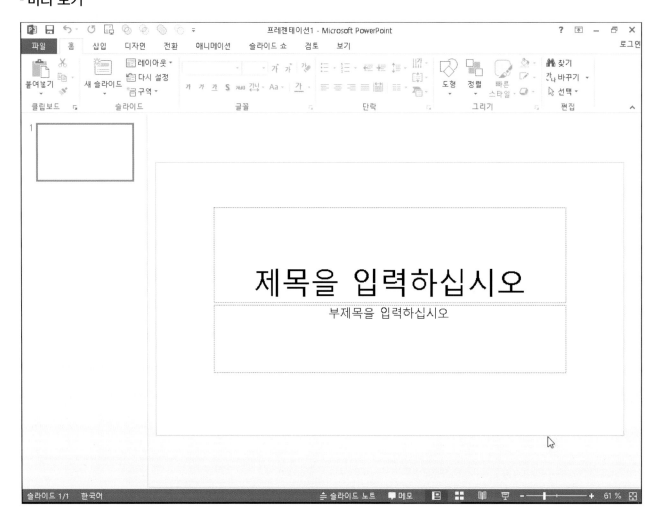

여기서
배워요! 파워포인트의 실행과 종료 방법, 화면 구성 요소, 빠른 실행 도구 모음 추가

파워포인트 2013 실행하기

1 [시작](⊞)을 클릭한 후 (🔲 Microsoft Office 2013)-(P🔳 PowerPoint 2013)을 클릭합니다.

2 [새 프레젠테이션]을 클릭하여 실행합니다.

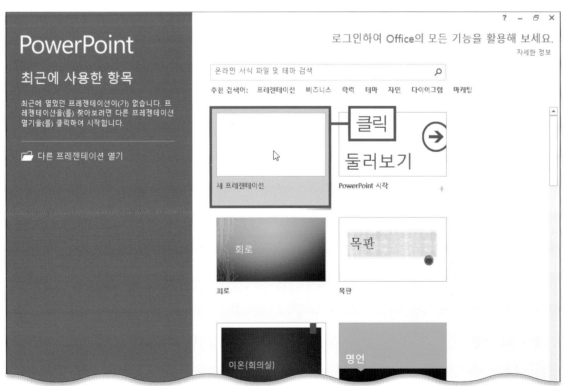

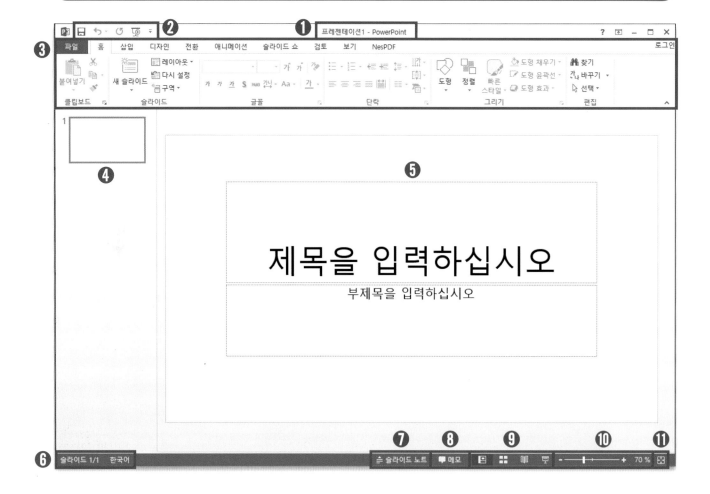

① **제목 표시줄** : 파일명이 표시됩니다.

② **빠른 실행 도구 모음** : 사용자가 자주 사용하는 명령 버튼을 추가할 수 있습니다.

③ **리본 메뉴** : 명령 버튼들을 '탭'별, '그룹'별로 분류한 곳입니다.

④ **슬라이드 미리 보기 창** : 슬라이드를 축소하여 표시합니다.

⑤ **슬라이드 창** : 실제 작업을 하는 곳입니다.

⑥ **상태 표시줄** : 슬라이드 번호, 언어 등 파워포인트 상태가 표시됩니다.

⑦ **슬라이드 노트** : 발표할 내용이나 설명을 첨부하는 곳입니다.

⑧ **메모** : 슬라이드나 개체에 메모합니다.

⑨ **화면 보기** : 기본, 여러 슬라이드, 읽기용 버튼, 슬라이드 쇼로 화면을 변경합니다.

⑩ **확대/축소 비율** : 슬라이드의 크기를 확대 또는 축소합니다.

⑪ **슬라이드 창에 맞추기** : 확대 또는 축소된 슬라이드를 현재 창 크기에 맞춥니다.

3 '빠른 실행 도구 모음'의 [자세히](☰) 버튼-[기타 명령]을 클릭합니다.

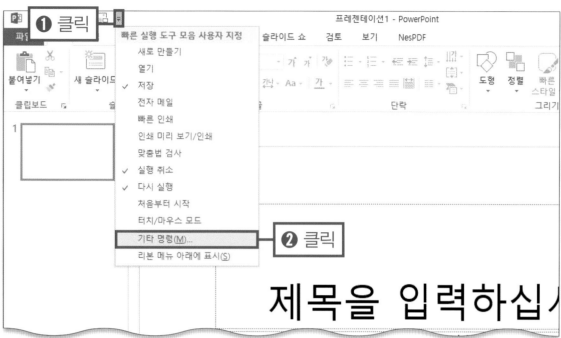

4 '명령 선택'의 목록을 클릭하여 [리본 메뉴에 없는 명령]을 선택합니다. 나오는
목록에서 [도형 결합]을 클릭하고 [추가] 버튼을 클릭합니다. 같은 방법으로
[도형 교차], [도형 병합], [도형 빼기]도 추가합니다. 오른쪽 목록에 4가지가
모두 추가되면 [확인] 버튼을 클릭합니다.

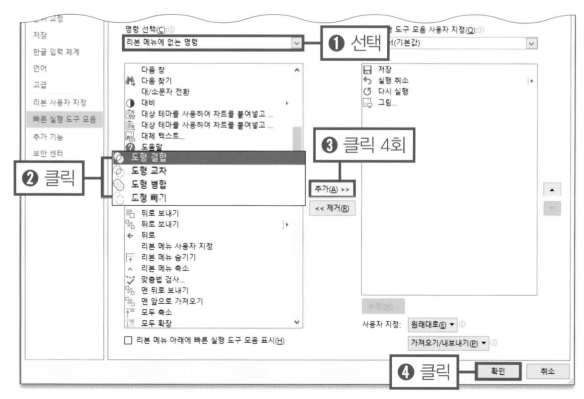

5 프레젠테이션을 종료하기 위해 [닫기](❌)를 클릭합니다.

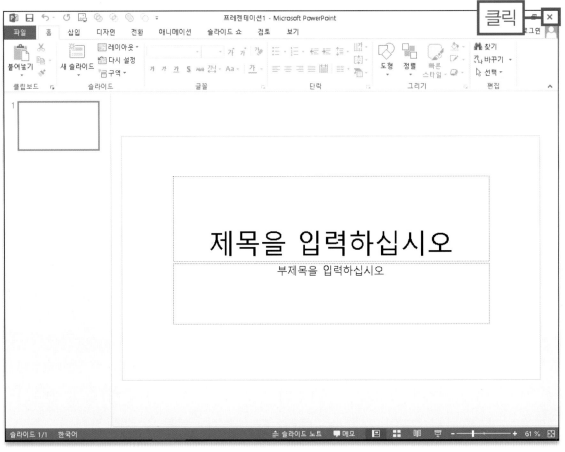

[파일] 탭-[닫기]를 클릭해도 종료됩니다.

CHAPTER 02

텍스트 다루기

2강에서는 슬라이드에 텍스트를 입력하고 서식을 바꾸는 방법과
워드아트(WordArt)를 적용하는 법을 배웁니다.
그리고 프레젠테이션을 저장하는 법을 익힙니다.

완성 화면

미리 보기

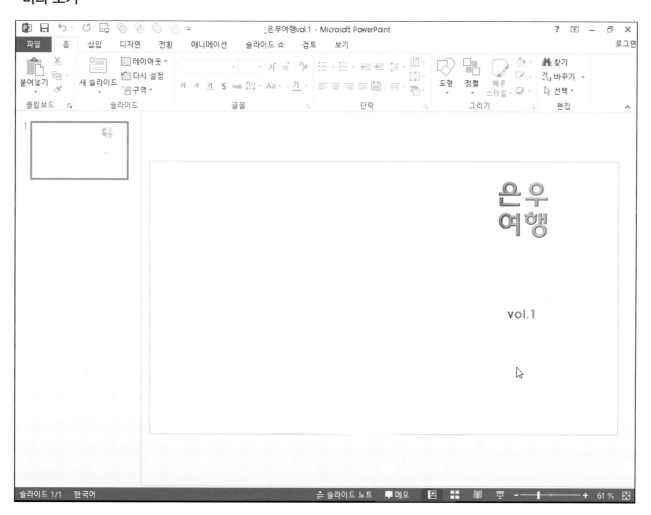

여기서

배워요! 텍스트 작성, 서식 바꾸기, 워드아트(WordArt), 프레젠테이션 저장하기

1 '파워포인트 2013'을 실행하여 [새 프레젠테이션]을 클릭합니다. [제목을 입력 하십시오]를 클릭한 후 '파워포인트 2013'을 입력합니다. 텍스트 전체를 블록 지정하기 위해 Esc를 눌러 실선이 되게 합니다.

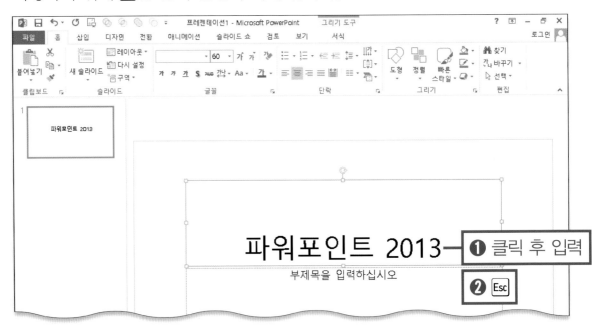

개체틀 테두리의 '점선'을 클릭해도 '실선'이 됩니다. '실선'이 된다는 것은 '텍스트 전체가 선택되었 다'는 뜻입니다. 일부만 선택하고 싶을 때는 드래그하여 선택합니다.

2 [홈] 탭-[글꼴] 그룹에서 '글꼴'의 (▾)를 클릭한 후 [휴먼둥근헤드라인]을 선 택하고 '글꼴 크기'의 (▾)를 클릭한 다음 [72]를 선택합니다. 이후 [문자 간격] (가나)을 클릭한 후 [매우 넓게]를 클릭합니다.

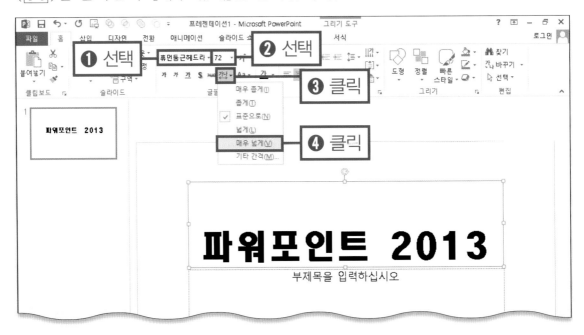

3 [그리기 도구]–[서식] 탭을 클릭한 후 [WordArt 스타일] 그룹에서 [WordArt 빠른 스타일]을 클릭합니다. 목록에서 [채우기-파랑, 강조 1, 윤곽선-배경 1, 진한 그림자-강조 1]을 클릭합니다.

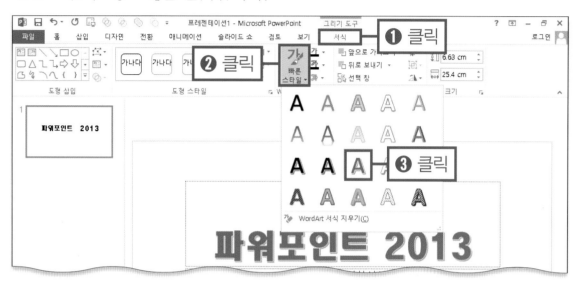

 이로써 파워포인트 기본 연습이 끝났습니다. 앞서 입력한 '파워포인트 2013'을 지우기 위해 [Delete]를 누릅니다.

STEP 2 제목 입력과 서식 바꾸기

4 [제목을 입력하십시오]를 클릭하여 '은우'를 입력한 후 [Enter↵]를 누른 다음 '여행'을 입력합니다. [부제목] 자리에는 'vol.1'을 입력합니다. [Esc]를 누른 후 [Ctrl]과 [A]를 눌러 제목과 부제목 개체틀을 모두 선택합니다.

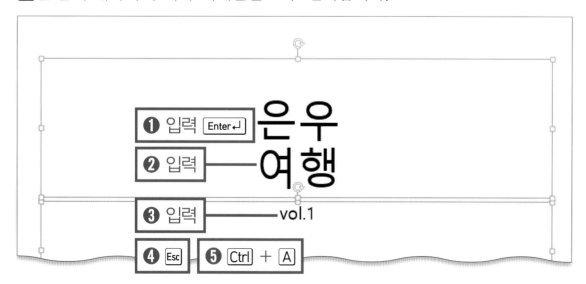

5 글꼴을 변경하기 위해 [홈] 탭을 클릭한 후 [글꼴] 그룹에서 '글꼴'의 (⏷)을 클릭한 다음 [HY울릉도B]를 선택합니다.

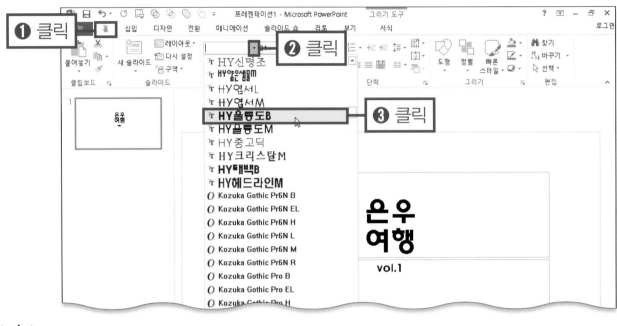

해당 글꼴은 사용자가 원하는 글꼴로 자유롭게 바꿔도 됩니다.

6 [그리기 도구]–[서식] 탭을 클릭한 후 [WordArt 스타일] 그룹에서 [텍스트 채우기](가⏷)–[그림]을 차례대로 클릭합니다.

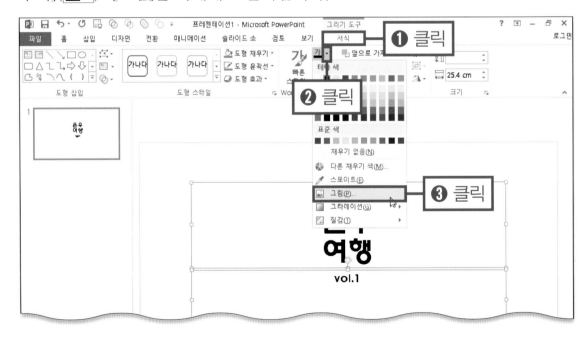

개체를 선택하면 '리본 메뉴'에 상황 도구 탭('그리기 도구' 서식, '그림 도구' 서식…)이 나타납니다.

7 '그림 삽입' 창이 나타나면 [파일에서]를 클릭합니다. 다시 한 번 '그림 삽입' 창이 나타나면 다운로드받은 [예제파일] 폴더를 더블클릭합니다. 이후 [2강]을 더블 클릭하여 폴더 안으로 들어간 다음 [가죽1]을 선택하고 [삽입]을 클릭합니다.

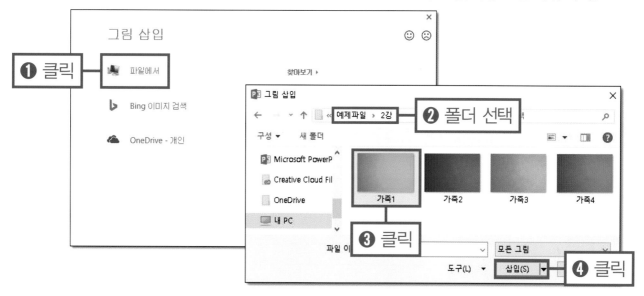

8 [텍스트 효과]( )를 클릭하고 [입체 효과]–[비스듬하게]를 클릭합니다.

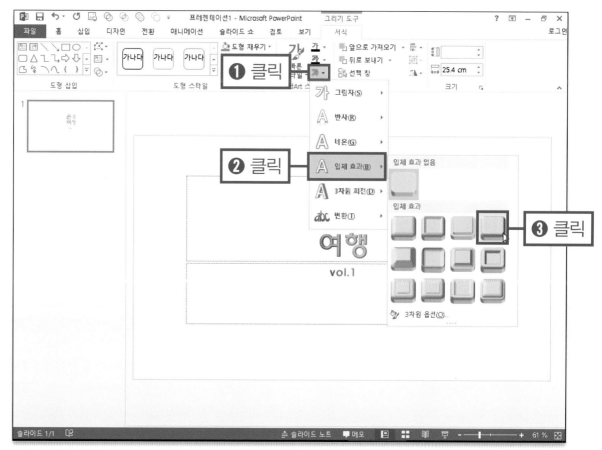

STEP 3 　텍스트 상자의 테두리 줄이기

9 ˙˙˙˙˙ 테두리의 조절점(ㅁ)에 마우스 포인터를 갖다 대면 포인터 모양이 ()로 변경됩니다. 이때 오른쪽으로 드래그하여 크기를 줄입니다.

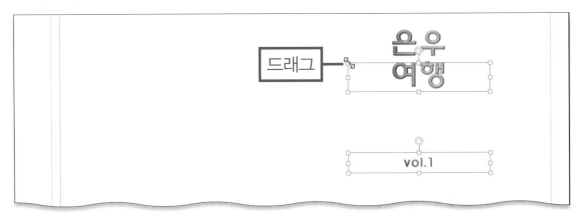

> 조금 더 배우기
> 테두리의 크기가 필요 이상으로 크면 다른 개체를 선택할 때 방해가 됩니다.

STEP 4 　프레젠테이션 저장하기

10 ˙˙˙˙˙ [파일] 탭-[저장]을 클릭합니다. 원하는 위치를 선택하고 파일 명을 '_은우여행vol.1'로 입력한 후 [저장]을 클릭합니다.

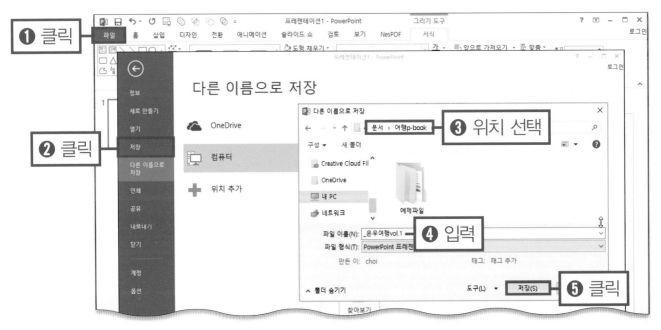

> 조금 더 배우기
> 파일 명이 '_'로 시작하면 다른 파일들 앞에 정렬되어 찾기 쉽습니다. Shift 를 누른 채 '–'를 누른 후 제목을 입력하면 됩니다.

혼자서도 만들 수 있어요!

1 아래 그림처럼 '제목 슬라이드'를 만듭니다.

HINT
- 여행의 선물 : [글꼴 : 양재깨비체B], [WordArt 빠른 스타일 : 무늬 채우기–파랑, 강조 1, 연한 하향 대각선, 윤곽선–강조 1]
- 여행, 선물 : [글꼴 크기 : 96]
- –저자 이길– : [글꼴 : 굴림], [글꼴 크기 : 44], [글꼴 색 : 녹색, 강조 6]

2 아래 그림처럼 워드아트(WordArt) 스타일을 지정합니다.

HINT
- 여행의 선물 : [텍스트 채우기]–[예제파일]–[2강]–[가죽4], [텍스트 효과]–[입체 효과]–[각지게]
- –저자 이길– : [텍스트 윤곽선]–[색]–[검정, 텍스트 1]

도형 다루기

POINT

파워포인트의 도형은 다양한 모양과 서식으로 다채롭게 활용됩니다.
여기서는 파워포인트에서 많이 사용하는 도형을 삽입하여 서식을 지정하고,
복사하여 개체간 정렬을 맞추어 봅니다.

완성 화면
미리 보기

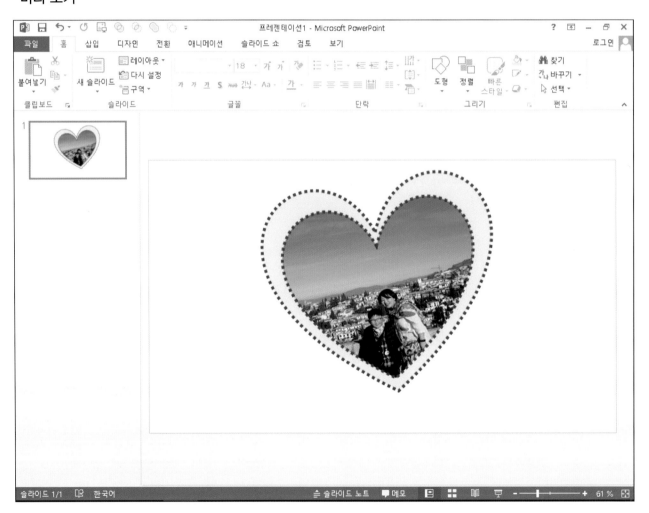

여기서
배워요! 도형 삽입, 도형 서식 지정하기, 복사하기, 도형 개체간 정렬 맞추기

1 '파워포인트 2013'을 실행한 후 [새 프레젠테이션]을 클릭합니다. [홈] 탭-[슬라이드] 그룹에서 [레이아웃▼]-[빈 화면]을 차례대로 클릭하여 슬라이드를 변경합니다.

2 [삽입] 탭을 클릭한 후 [일러스트레이션] 그룹에서 [도형▼]을 클릭합니다. 도형 목록에서 [하트]를 클릭한 후 슬라이드에 대각선으로 드래그하여 삽입합니다.

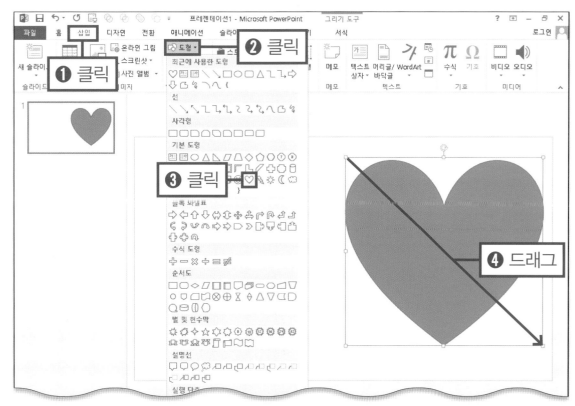

3 도형이 선택된 상태에서 마우스 포인터를 도형 위에 갖다 대면 (⊕)로 변경됩니다. 드래그하여 위치를 왼쪽으로 이동시킵니다. 도형 상단 중앙에 마우스 포인터를 갖다 대면 (↻)로 변합니다. 이때 왼쪽으로 드래그하여 회전시킵니다. 또한 조절점에 마우스 포인터를 갖다 대면 (✎)로 변경됩니다. 이때 드래그하여 크기를 조절합니다.

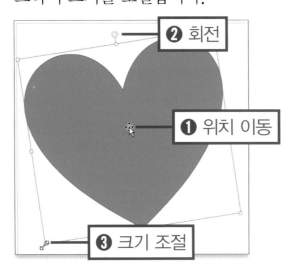

STEP 2 도형 서식 지정하기

4 [그리기 도구]-[서식] 탭의 [도형 스타일] 그룹에서 [도형 채우기▼]를 클릭한 후 [녹색, 강조 6, 80% 더 밝게]를 클릭합니다.

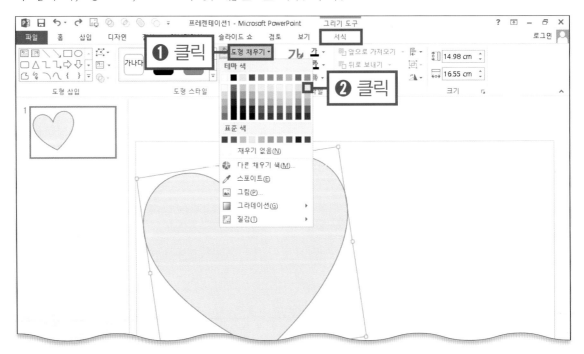

5 이번에는 [도형 윤곽선▼]을 클릭한 후 [녹색, 강조 6, 50% 더 어둡게]를 클릭합니다. 다시 한 번 [도형 윤곽선▼]을 클릭한 다음 [두께]는 [6pt], [대시]는 [둥근 점선]으로 선택합니다.

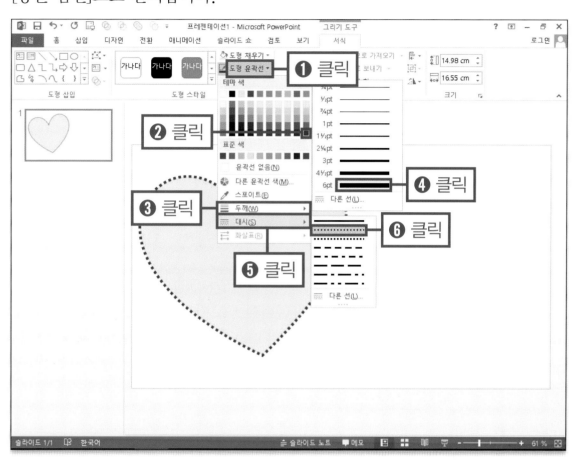

조금 더 배우기

마우스 포인터 모양

① [열십자 화살표](🔀)일 때 드래그하면 '이동'합니다. 이때 Shift 를 누른 채 드래그하면 '수직/수평 이동'되고, Ctrl을 누른 채 드래그하면 '복사'가 됩니다.

② 모서리의 [양방향 화살표](⬌)일 때 드래그하면 '크기 조절'이 됩니다. 이때 Shift 를 누른 채 드래그하면 '가로·세로 비율이 유지된 채 크기 조절'되고 Ctrl을 누른 채 드래그하면 '중심 위치를 유지한 채로 크기 조절'이 됩니다.

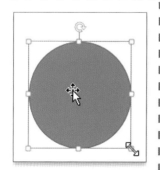

단, 마우스와 키보드의 Shift, Ctrl을 조합해서 명령할 때 먼저 마우스의 클릭을 풀고 키보드에서 손을 떼야 합니다. 반대로 하면 복사하려던 것이 이동만 됩니다.

6 ····· 도형 위에 마우스 포인터를 올려 포인터가 (⊕)가 되면 [Shift]와 [Ctrl]을 함께
누른 상태로 드래그하여 수평으로 복사합니다.

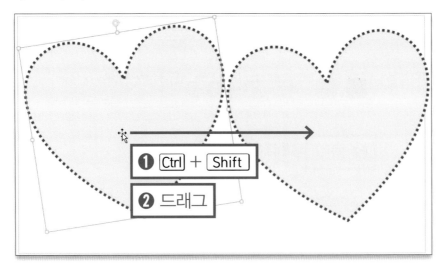

7 ····· [그리기 도구]–[서식] 탭의 [도형 스타일] 그룹에서 [도형 채우기▼]–[그림]을
클릭한 후 [파일에서]를 클릭합니다. '그림 삽입' 창에서 [예제파일]–[3강]을
차례대로 선택한 다음 [알카사바] 그림을 클릭한 후 [삽입]을 클릭합니다.

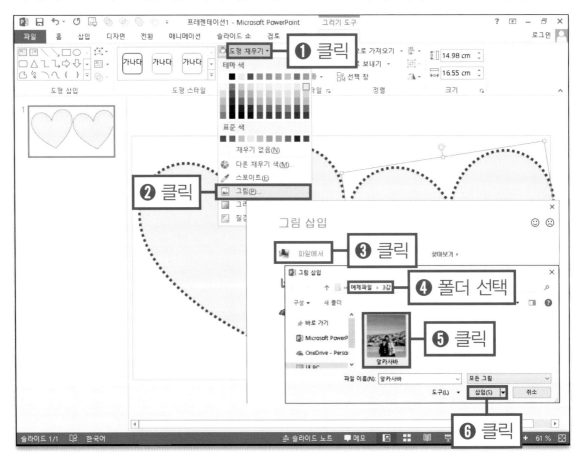

8 대각선 조절점에 마우스 포인터를 갖다 댄 후 포인터가 (🖉)로 변경되면 Ctrl
과 Shift 를 함께 누른 상태로 안쪽으로 드래그하여 크기를 줄입니다.

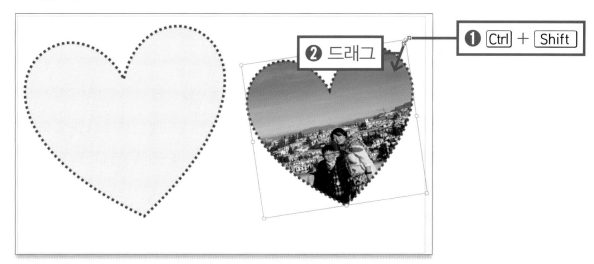

9 Ctrl과 A를 함께 누르면 두 개의 도형이 모두 선택됩니다. 이때 [그리기 도
구]–[서식] 탭의 [정렬] 그룹에서 [맞춤](🗈▾)–[가운데 맞춤]을 차례대로 클릭
합니다.

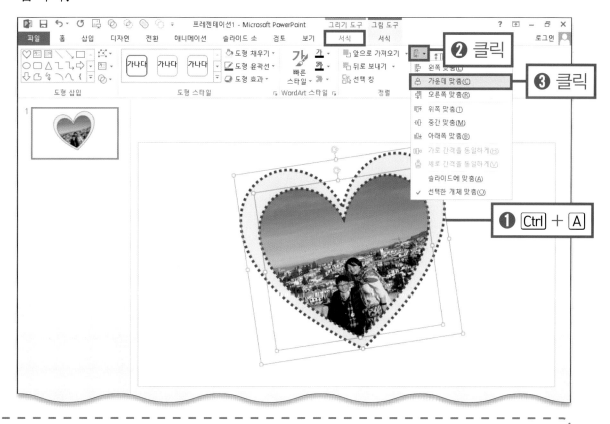

 [맞춤](🗈▾)은 개체가 하나일 때는 '슬라이드에 맞춤'이 되고, 개체가 2개 이상일 때는 '슬라이드에
맞춤'과 '선택한 개체 맞춤' 중에서 선택할 수 있습니다.

CHAPTER 04
도형으로 앞표지 만들기

POINT

4강에서는 앞서 만든 '_은우여행vol.1'을 불러와서 본격적으로
내가 직접 만드는 책인 **Pbook**을 제작해 보도록 하겠습니다.
먼저, 책의 앞표지를 가죽 양장본처럼 만드는 방법을 배워 봅니다. 가죽 그림을
다양하게 준비했으니 마음에 드는 그림을 골라서 넣어 보도록 하세요.

완성 화면
미리 보기

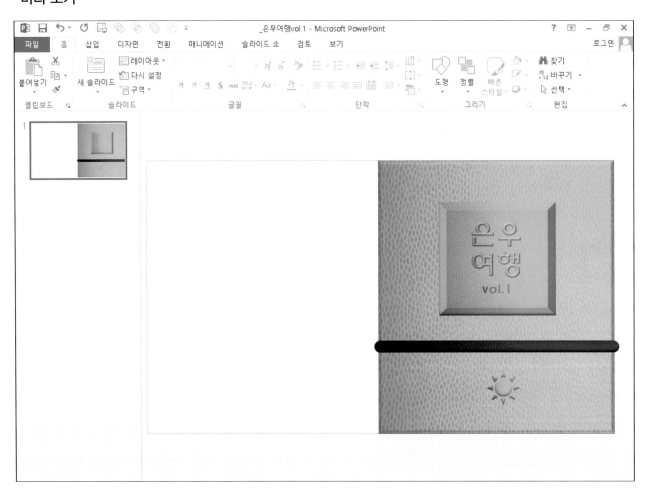

여기서
배워요! 프레젠테이션 불러오기, 도형 삽입, 도형 서식 지정, 서식 복사

STEP 1 프레젠테이션 불러오기

1 ...... '파워포인트 2013'을 실행한 후 '최근에 사용한 항목'에서 [_은우여행vol.1]을 클릭합니다.

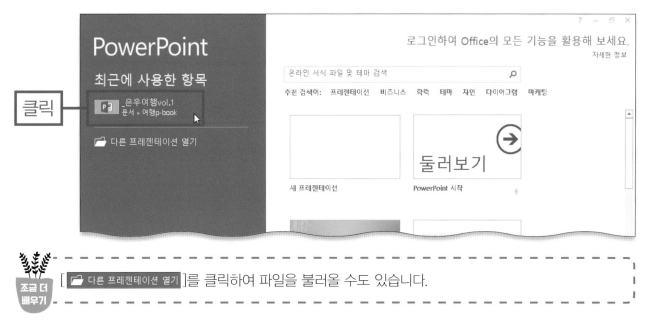

조금 더 배우기

[📂 다른 프레젠테이션 열기]를 클릭하여 파일을 불러올 수도 있습니다.

STEP 2 앞표지 만들기 – 책의 형태 및 위치 정하기

2 ...... [삽입] 탭을 클릭한 후 [일러스트레이션] 그룹에서 [도형]–[직사각형]을 클릭합니다. 마우스 포인터가 (+) 모양으로 변경되면 아래 그림과 같이 크게 대각선으로 드래그하여 삽입합니다.

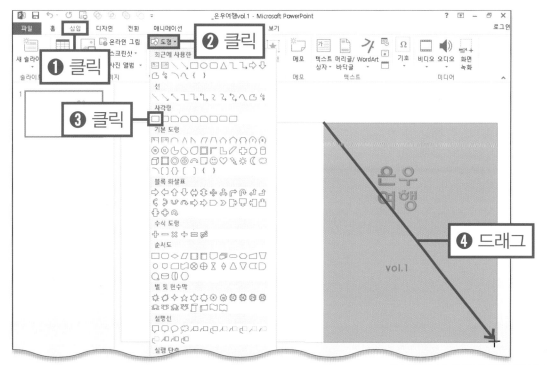

3 [그리기 도구]–[서식] 탭의 [크기] 그룹에서 [높이]에 '19.05', [너비]에 '16.95' 를 입력하고 Enter↵ 를 누릅니다.

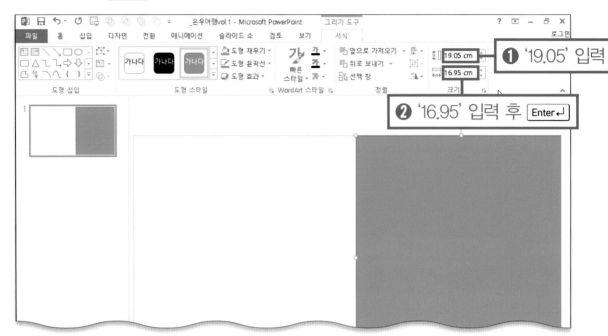

 [그리기 도구]–[서식]이 보이지 않는다면 삽입한 도형을 클릭합니다. 이처럼 개체가 선택되었을 때 그 개체에 맞는 상황 도구 탭이 생깁니다.

4 슬라이드의 오른쪽과 위쪽에 맞추기 위해 [그리기 도구]–[서식] 탭의 [정렬] 그룹에서 [맞춤](📐▾)–[오른쪽 맞춤]을 차례대로 클릭합니다. 이후 다시 [맞춤](📐▾)–[위쪽 맞춤]을 클릭합니다.

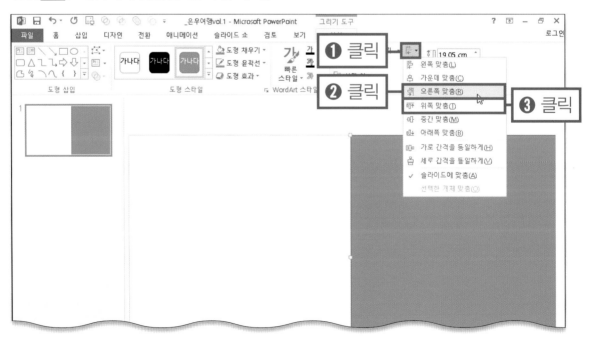

5 [도형 스타일] 그룹에서 [도형 채우기▼]를 클릭한 후 [그림]-[파일에서]를 클릭합니다. [예제파일]-[4강]을 차례대로 선택한 다음 [가죽1] 그림을 클릭한 후 [삽입]을 클릭합니다.

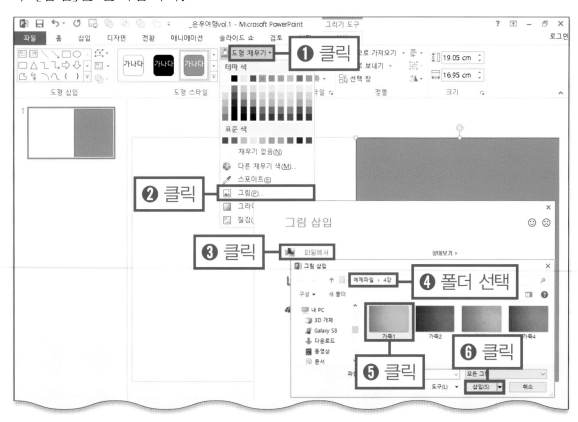

6 [도형 윤곽선▼]-[윤곽선 없음]을 클릭합니다.

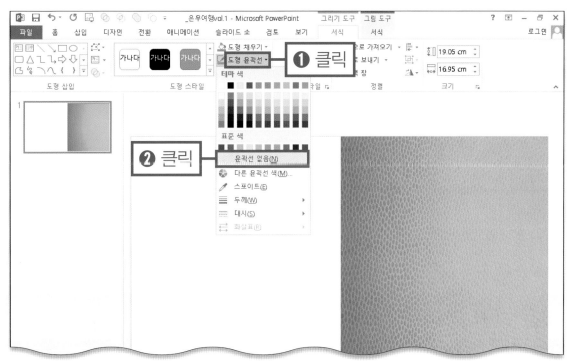

7 ······ 이후 [도형 효과▼]를 클릭한 후 [그림자]-[안쪽 아래쪽]을 클릭합니다.

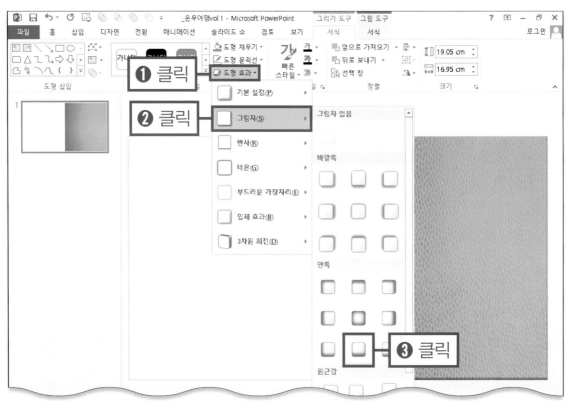

8 ······ 이번에는 [도형 효과▼]를 클릭한 후 [입체 효과]-[아트 데코]를 클릭합니다.

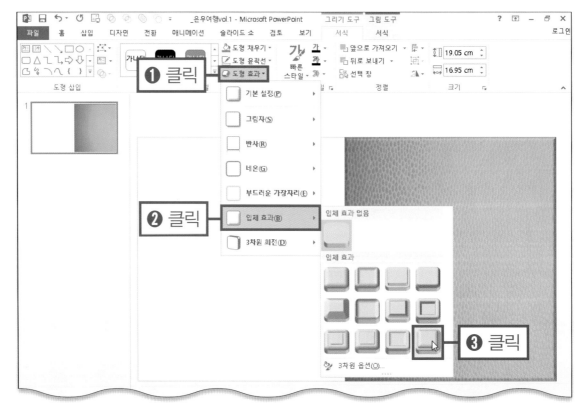

9 [정렬] 그룹에서 [뒤로 보내기▼]를 클릭한 후 [맨 뒤로 보내기]를 클릭합니다.

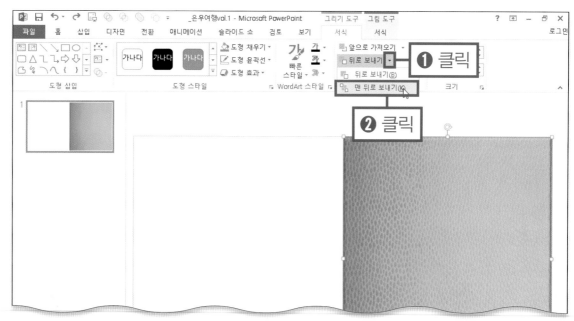

STEP 3 도형으로 제목 꾸미기

10 [은우 여행] 글씨를 클릭한 후 외곽선에 마우스 포인터를 갖다 댑니다. 포인터가 (✥)로 변경되면 드래그하여 위치를 중앙으로 옮깁니다.

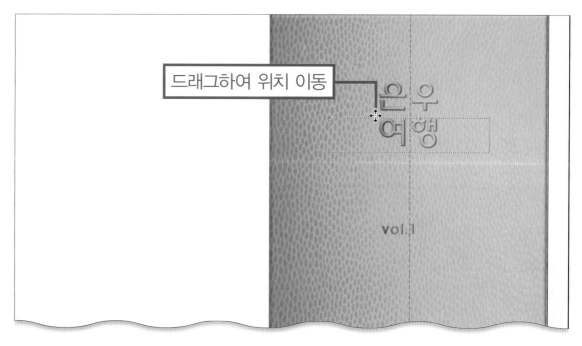

11 [삽입] 탭을 클릭한 후 [일러스트레이션] 그룹에서 [도형▼]을 클릭합니다. [빗면]을 클릭한 후 마우스 포인터가 (+) 모양으로 변경되면 제목이 적힌 부분에 대각선으로 드래그하여 덮어 씌웁니다.

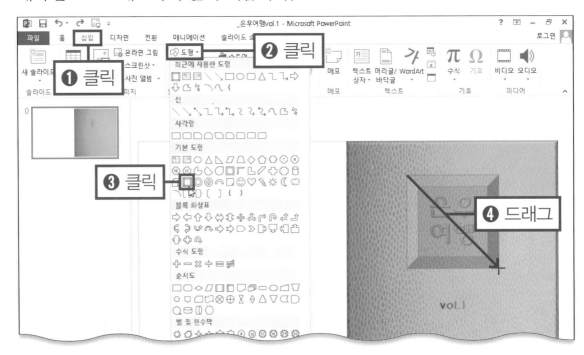

12 빗면의 폭을 조절하기 위해 [노란색 모양 조절점]에 마우스 포인터를 갖다 댑니다. 마우스 포인터가 (▷)으로 변경되면 왼쪽으로 드래그하여 폭을 좁게 만듭니다.

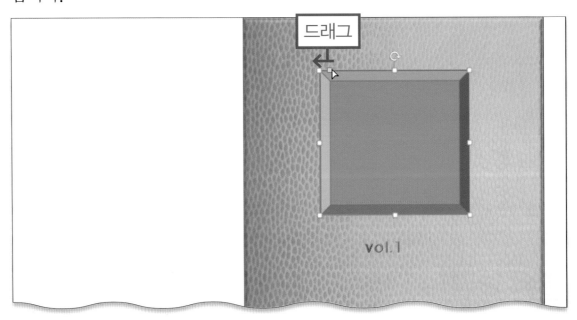

 도형 개체의 노란색 조절점은 도형 개체 모양의 일부분을 변경할 때 사용하는 '모양 조절점'입니다.

13 아래 [직사각형]을 클릭한 후 [홈] 탭을 클릭합니다. 이후 [클립보드] 그룹에서 [서식 복사]( )를 클릭합니다.

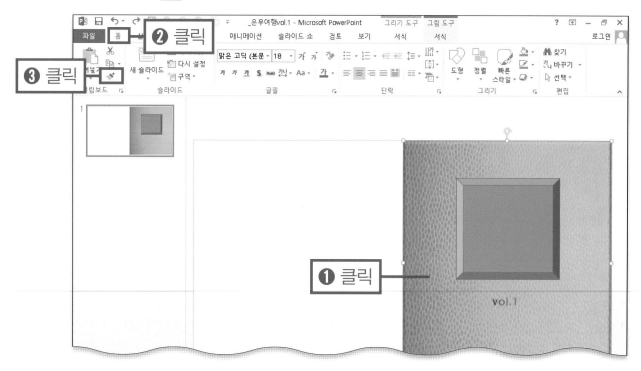

14 마우스 포인터가 ( )로 변경됩니다. 그 상태로 [빗면] 도형을 클릭합니다.

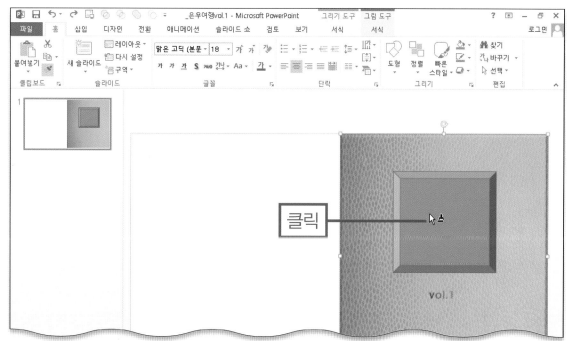

'서식 복사' 후에도 마우스 포인터가 계속 ( )이라면, Esc를 눌러서 없앱니다. 남아 있는 이유는 [홈] 탭–[클립보드] 그룹에서 [서식 복사]( )를 '클릭'하지 않고 '더블클릭'했기 때문입니다.

15 [그리기 도구]–[서식] 탭을 클릭한 후 [정렬] 그룹에서 [뒤로 보내기▼]를 클릭합니다. 목록에서 [뒤로 보내기]를 클릭하여 제목이 나타나도록 합니다.

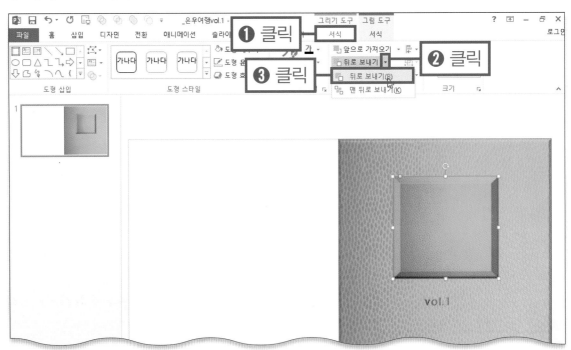

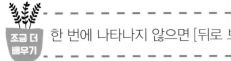 한 번에 나타나지 않으면 [뒤로 보내기]를 몇 번 더 클릭합니다.

16 [vol.1]을 클릭한 후 외곽선에 마우스 포인터를 갖다 대면 (🔁)로 변경됩니다. 이때 드래그하여 빗면 도형 위로 이동시킵니다.

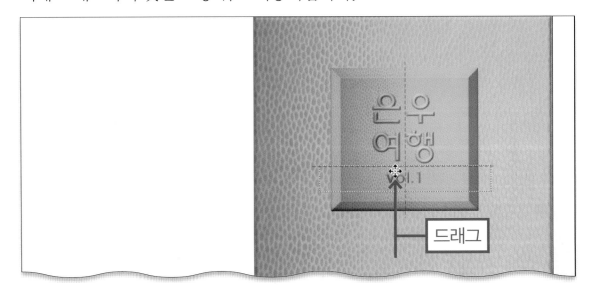

 'vol.1'이 숨겨지면, [정렬] 그룹에서 [앞으로 가져오기]를 클릭합니다.

혼자서도 만들 수 있어요!

1 아래 그림처럼 '가죽띠'를 도형으로 만들어 봅니다.

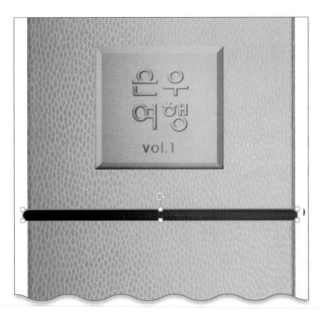

 HINT

- [모서리가 둥근 직사각형]을 삽입한 후 '모양 조절점'을 오른쪽으로 이동하여 모양을 만듦
- [도형 채우기▼]−[그림]−[파일에서]를 클릭한 후 [예제파일]−[4강]에서 [가죽1] 삽입
- [그림 도구]−[서식] 탭의 [조정] 그룹−[색]에서 '주황−어두운 강조색 2', [수정]에서 [밝기 : −40%
  대비 : +40%] 선택

2 아래 그림처럼 무늬를 도형으로 만들어 봅니다.

 HINT

- [도형]에서 [해]를 클릭한 후 앞표지 하단에 드래그하여 삽입
- [도형 채우기▼]−[가죽1], [도형 윤곽선▼]−[윤곽선 없음], [도형 효과▼]−[입체 효과]에서 [둥글게]

그림 다루기

POINT

5강에서는 슬라이드의 배경을 그림으로 바꾸는 방법과

그림을 삽입하여 서식 지정하기 등을 배웁니다.

또한 다양한 그림 서식에 대해 알아보도록 하겠습니다.

완성 화면
미리 보기

여기서
배워요! 배경 서식 지정하기, 그림으로 장식하기, 그림 서식 지정하기

STEP 1 배경 서식 지정하기

1 '파워포인트 2013'을 실행한 후 [예제파일] 폴더에서 [_은우여행vol.1_05강] 파일을 불러옵니다. 흰 배경 부분에 마우스 오른쪽 버튼을 누른 후 [배경 서식]을 클릭합니다.

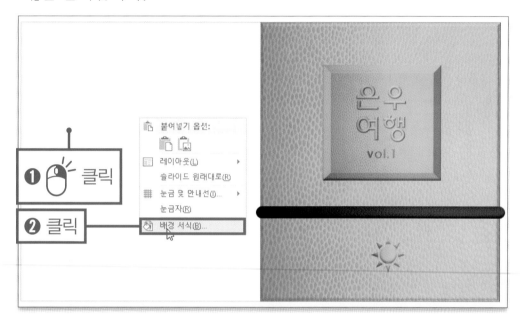

2 '배경 서식' 창이 나타나면 [그림 또는 질감 채우기]–[파일]을 차례대로 클릭합니다. '그림 삽입' 창이 나타나면 [예제파일]–[5강] 폴더를 선택한 다음 [배경] 그림을 클릭한 후 [삽입]을 클릭합니다.

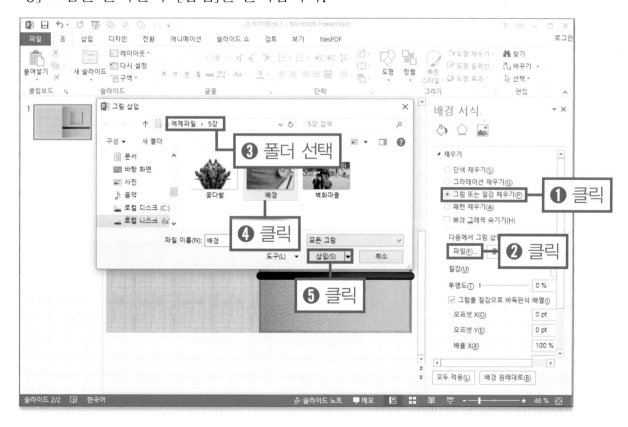

3 ˙˙˙˙˙ [삽입] 탭을 클릭한 후 [이미지] 그룹에서 [그림]을 클릭합니다. '그림 삽입' 창이 나타나면 [예제파일]-[5강]에서 [꽃다발] 그림을 선택한 다음 [삽입]을 클릭합니다.

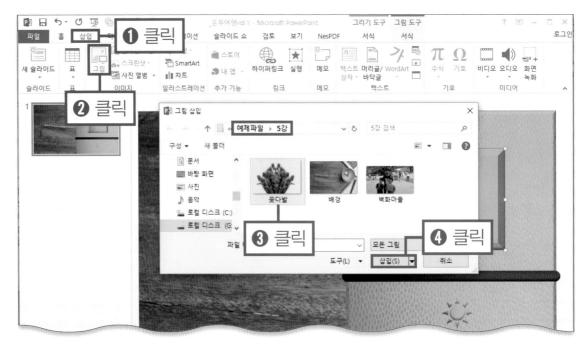

4 ˙˙˙˙˙ 그림의 회전, 크기, 위치를 아래 그림처럼 각 마우스 포인터를 드래그해서 조절합니다.

다양한 그림 서식 지정하기

5 ⋯⋯ 새 프레젠테이션을 실행한 후 [홈] 탭-[슬라이드] 그룹에서 [새 슬라이드]-
[빈 화면]을 클릭하여 빈 슬라이드를 불러옵니다. [삽입] 탭을 클릭한 후 [이미
지] 그룹에서 [그림]을 클릭합니다. [예제파일]-[5강] 폴더를 차례대로 선택한
후 [벽화마을]-[삽입]을 클릭합니다.

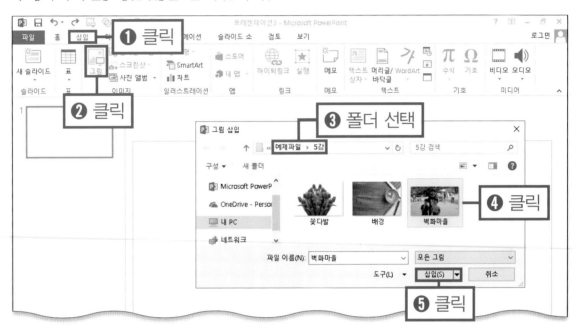

6 ⋯⋯ [그림 도구]-[서식] 탭의 [크기] 그룹에서 [자르기](🖼)를 클릭합니다. 그림
가장자리에 검은색 조절점이 생깁니다. 조절점에 마우스 포인터를 갖다 대면
(┃┣)로 변경됩니다. 이때 드래그하여 아래 그림과 같이 영역을 조정한 후 다시
[자르기](🖼)를 클릭하여 잘라냅니다.

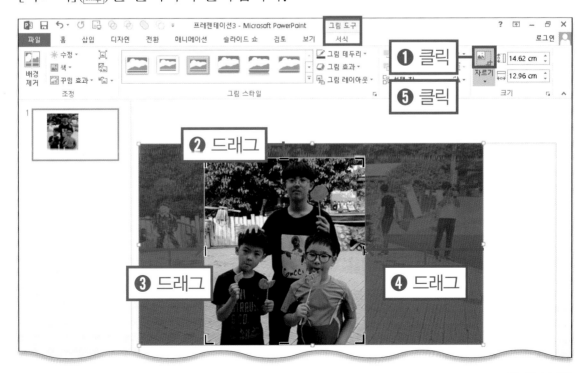

7 이번에는 [조정] 그룹에서 [수정]( )을 클릭한 후 [밝기: +40%　대비: +20%]를 클릭합니다.

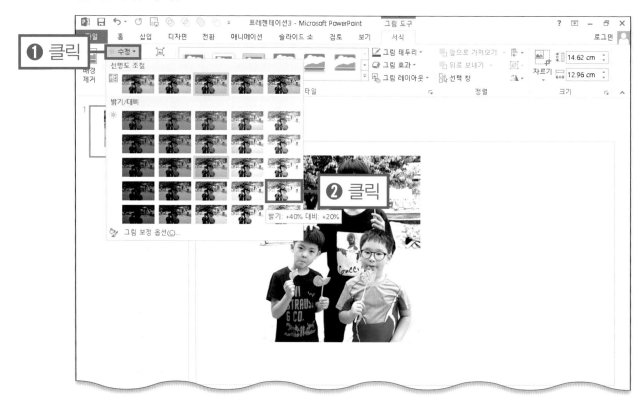

8 이후 [그림 스타일] 그룹에서 [그림 효과▼]를 클릭한 후 [기본 설정]-[기본 설정 1]을 차례대로 클릭합니다.

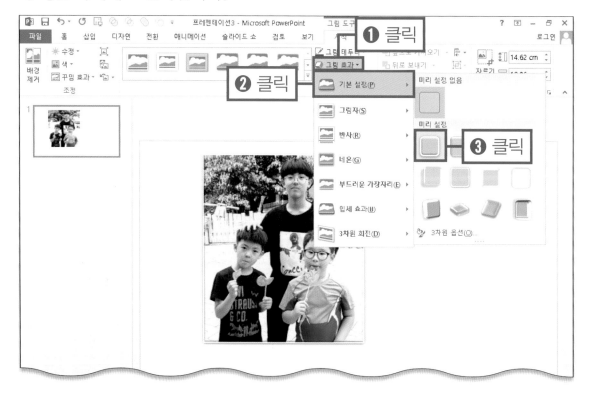

9 다시 한 번 [그림 효과▼]를 클릭한 후 [반사]-[1/2 반사, 4pt 오프셋]을 차례대로 클릭합니다.

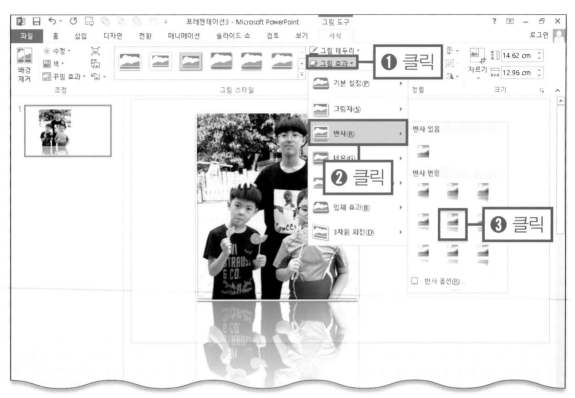

10 [그림 효과]-[3차원 회전]을 클릭한 후 [원근감(아래)]를 클릭합니다.

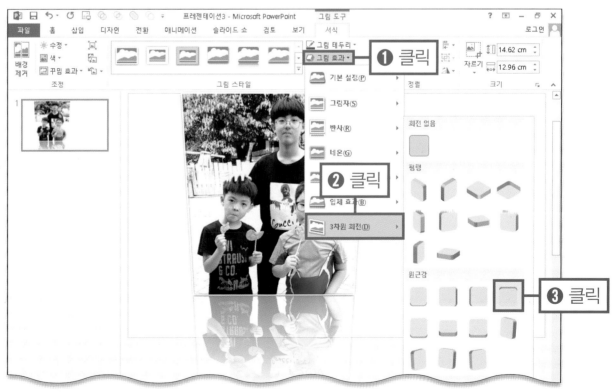

CHAPTER 06
뒤표지 만들기 및 텍스트 상자 넣기

POINT

6강에서는 앞서 만든 앞표지 슬라이드를 복제하여 뒤표지를 간단히 만듭니다. 또한 텍스트 상자를 이용하는 방법을 익혀 **IPbook**에 '저작권 문구'를 넣어 보도록 하겠습니다.

완성 화면
미리 보기

여기서 배워요! 중복 슬라이드, 텍스트 삽입, 서식 복사

슬라이드 복제와 개체 삭제

1 '파워포인트 2013'을 실행한 후 [예제파일]−[_은우여행vol.1_06강] 파일을 불러옵니다. '슬라이드 미리 보기 창'의 '1번 슬라이드'에 마우스 오른쪽 버튼을 누른 후 [중복 슬라이드]를 클릭합니다.

2 동일한 슬라이드가 '2번 슬라이드'로 생성됩니다. 이 슬라이드에서 뒤표지에 필요 없는 개체(꽃다발, 제목, 부제목, 빗면 도형)를 각각 클릭한 후 Delete를 눌러 삭제합니다.

3 이후 나타나는 '제목을 입력하십시오' 개체틀은 점선을 클릭하여 실선이 되면 Delete를 눌러 삭제합니다. '부제목을 입력하십시오'도 같은 방법으로 삭제합니다.

❶ 점선 클릭 후 Delete

❷ 점선 클릭 후 Delete

제목을 입력하십시오

부제목을 입력하십시오

> 조금 더 배우기 ┊ 점선을 클릭할 때 뒤표지 개체들이 선택되지 않게 개체가 없는 왼쪽에서 클릭합니다.

4 Ctrl과 A를 함께 눌러 슬라이드 안에 모든 이미지를 선택합니다. 이후 Shift 를 누른 채 드래그하여 그림과 같이 이동합니다. 슬라이드의 왼쪽에 맞추도록 합니다.

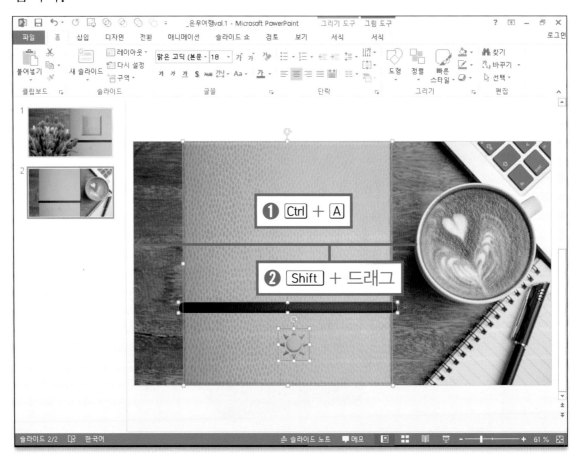

5 ····· [삽입] 탭을 클릭한 후 [텍스트] 그룹에서 [텍스트 상자▼]-[가로 텍스트 상자]를 차례대로 클릭합니다. 마우스 포인터가 (ꕷ)로 변경되면 슬라이드 위쪽 여백에 클릭한 후 아래 문구를 입력합니다.

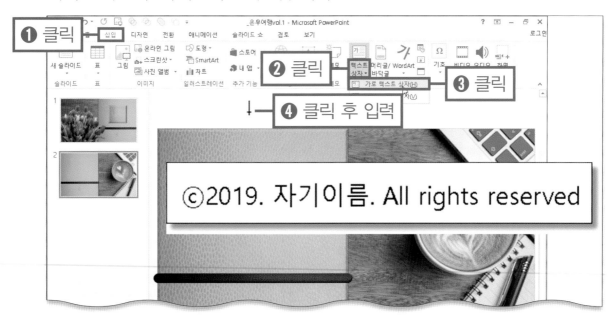

조금 더 배우기

• 텍스트 상자일지라도 도형 안에 클릭하면 도형의 가운데에 글자가 입력됩니다. 원하는 위치에 글자를 넣고 싶다면 도형 밖에서 입력한 후 위치를 이동합니다.
• '©'의 입력 방법은 한글 자음 'ㅇ(이응)'을 입력한 후 를 누른 다음 목록에서 '©'를 클릭합니다.

6 ····· 저작권 문구의 서식을 지정하기 위해 [1번 슬라이드]를 클릭한 다음 [vol.1]을 클릭한 후 Esc를 누릅니다. [홈] 탭-[클립보드] 그룹에서 [서식 복사]( )를 클릭합니다.

7 마우스 포인터가 ()로 변경됩니다. 이때 [2번 슬라이드]를 클릭한 후 앞서 작성한 [저작권 문구]를 클릭합니다.

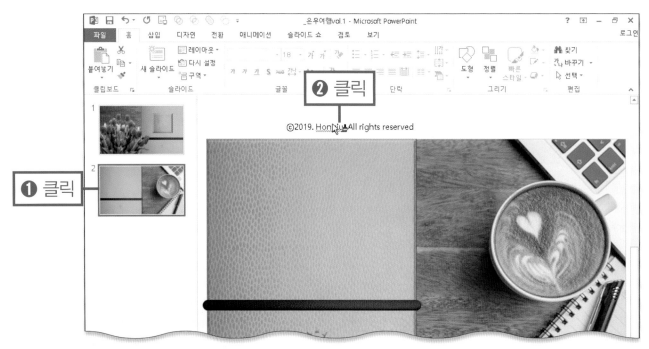

8 서식이 변경된 저작권 문구를 아래쪽으로 드래그하여 이동합니다. '가죽 양장 본 표지' 슬라이드가 완성되었습니다.

조금 더
배우기 │ 텍스트 상자 개체틀의 윤곽선에서 마우스 포인터가 (⊕)일 때 드래그하여 이동합니다.

CHAPTER 07
SmartArt 그래픽으로 목차 만들기

Pbook의 속지를 넣고 텍스트로 입력한 목차를 손쉽게
그래픽으로 변경하는 방법을 익힙니다. 또 그림 도구 서식을 이용하여
그림에 효과를 주어 장식해 보도록 하겠습니다.

완성 화면
미리 보기

여기서
배워요!
새 슬라이드, 배경 서식, 텍스트를 SmartArt 그래픽으로 변환, 그림 도구 서식

STEP 1 **새 슬라이드 넣기**

1 ‘파워포인트 2013’을 실행한 후 [예제파일]–[_은우여행vol.1_07강] 파일을 불러옵니다. ‘슬라이드 미리 보기 창’에서 [1번 슬라이드]를 클릭한 후 [홈] 탭–[슬라이드] 그룹에서 [새 슬라이드▼]–[제목 및 내용]을 차례대로 클릭합니다.

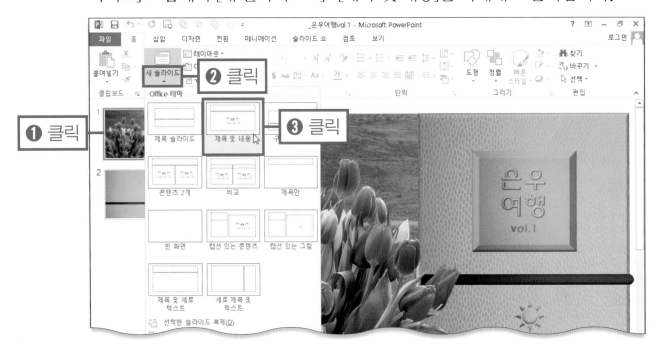

STEP 2 **배경 바꾸기**

2 삽입된 ‘2번 슬라이드’의 흰 배경에 마우스 오른쪽 버튼을 누른 후 [배경 서식]을 클릭합니다.

> 조금 더 배우기 | 반드시 개체틀 밖에서 마우스 오른쪽 버튼을 눌러야 ‘배경 서식’이 나타납니다.

3 '배경 서식' 작업 창에서 [그림 또는 질감 채우기]-[파일]을 차례대로 클릭합니다. '그림 삽입' 창이 나타나면 [예제파일]-[7강] 폴더를 선택한 다음 [스프링 노트] 그림을 클릭한 후 [삽입]을 클릭합니다.

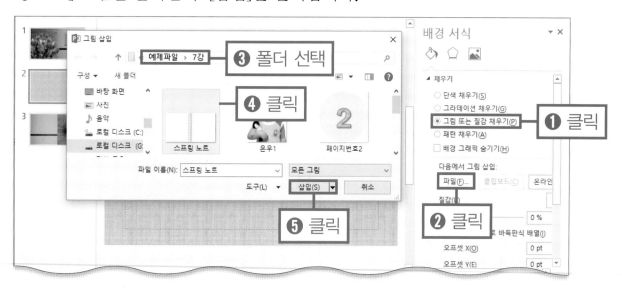

STEP 3 **텍스트 입력하고 차례 서식 지정하기**

4 그림과 같이 텍스트를 입력합니다. 각각의 텍스트를 입력한 후 엔터를 누르면 아래 위치로 이동합니다.

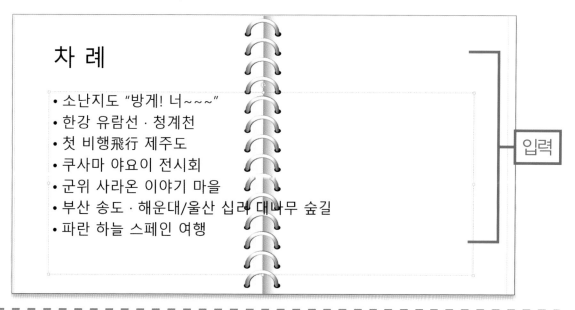

'가운뎃점(·)' 입력은 앞 단어에서 한 칸 띄운 다음 한글 자음 'ㄱ(기역)'을 입력합니다. 이후 한자를 누르면 목록이 나타납니다.

5 [차례] 텍스트를 클릭한 후 Esc 를 눌러 테두리를 실선으로 만듭니다. [홈] 탭-[글꼴] 그룹에서 [글꼴 : HY견고딕], [글꼴 크기 : 48pt], [문자 간격](간↔▾) : 매우 넓게]를 각각 클릭하여 선택합니다.

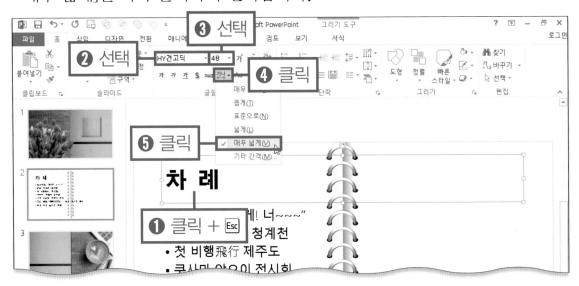

6 [그리기 도구]-[서식] 탭을 클릭한 후 [WordArt 스타일] 그룹에서 [빠른 스타일]을 클릭합니다. 이후 [무늬 채우기-청회색, 텍스트 2, 어두운 상향 대각선, 진한 그림자-텍스트 2]를 클릭합니다. 이후 텍스트 상자가 오른쪽 페이지로 넘어가도록 조절점을 드래그하여 크기를 줄입니다.

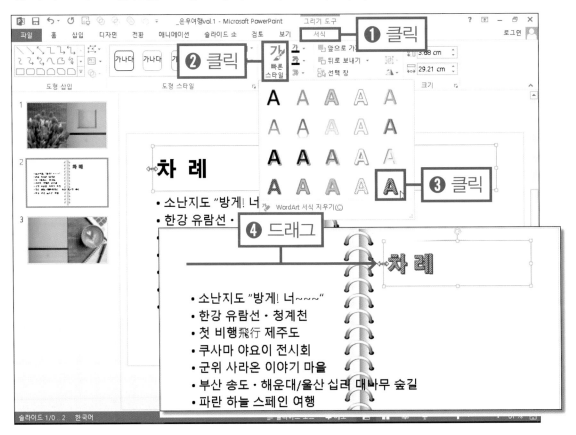

'목차 부분' 그래픽화하고 서식 지정하기

7 [목차] 텍스트 상자를 클릭합니다. [홈] 탭을 클릭한 후 [단락] 그룹에서 [SmartArt로 변환](📇▾)을 클릭합니다. 이후 [기타 SmartArt 그래픽]을 클릭 합니다.

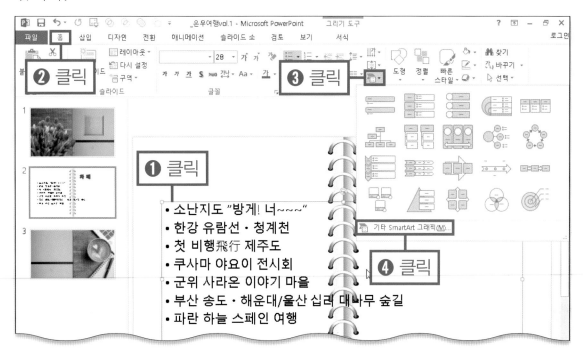

8 'SmartArt 그래픽 선택' 창이 나타나면 [목록형]–[세로 곡선 목록형]을 차례 대로 클릭한 후 [확인]을 클릭합니다.

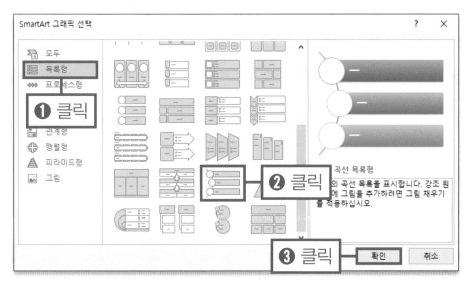

9 [SMARTART 도구]–[디자인] 탭의 [SmartArt 스타일] 그룹에서 [색 변경▼]을 클릭한 후 [색상형 범위–강조색 5 또는 6]을 클릭합니다. 이후 'SmartArt 스타일'의 [자세히]($\boxed{\overline{\overline{\vee}}}$) 버튼을 클릭한 다음 [강한 효과]를 클릭합니다.

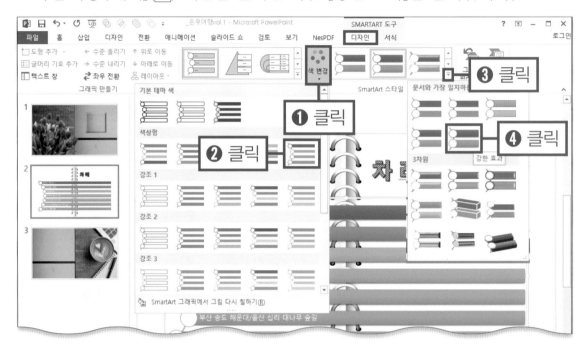

10 '목차' 텍스트 상자의 테두리를 클릭하여 '목차 전체'를 선택합니다. [홈] 탭을 클릭한 후 [글꼴] 그룹에서 [글꼴 : HY견고딕], [글꼴 크기 : 18pt], [그림자]($\boxed{\mathbf{S}}$)를 클릭하여 지정합니다. 조절점을 오른쪽으로 드래그하여 크기 및 위치를 이동합니다.

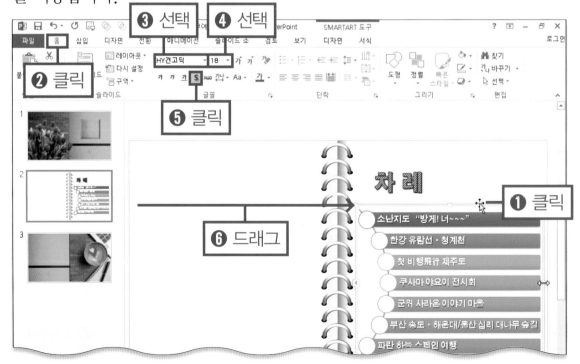

STEP 5 **그림으로 페이지 번호 넣기**

11 페이지 번호를 넣을 [첫 번째 원]을 클릭한 후 [SMARTART 도구]의 [서식] 탭을 클릭합니다. [도형 스타일] 그룹에서 [도형 채우기▼]를 클릭한 후 [그림]을 클릭합니다.

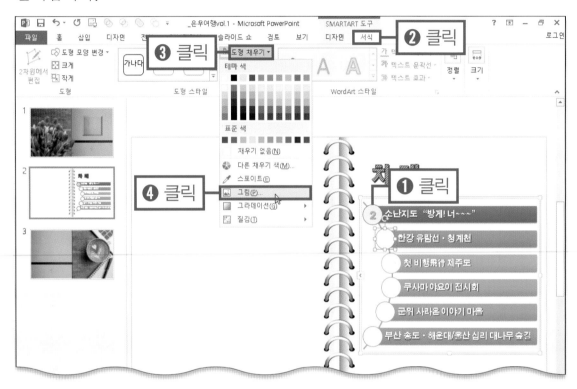

12 '그림 삽입' 창이 나타나면 [파일에서]를 클릭합니다. [예제파일]−[7강] 폴더에서 [페이지번호2] 그림을 선택한 후 [삽입]을 클릭합니다. 동일하게 나머지 원들에 페이지 번호를 반복해서 삽입합니다(페이지 번호 3~10번까지).

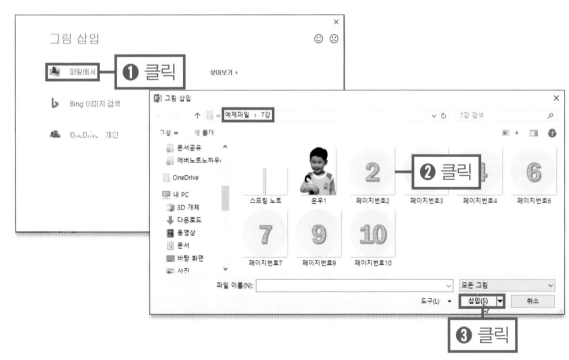

13 [삽입] 탭을 클릭한 후 [이미지] 그룹에서 [그림]을 클릭합니다. [예제파일]-[7강] 폴더에서 [은우1] 그림을 선택한 후 [삽입]을 클릭합니다. 조절점을 드래그하여 사진의 크기를 줄인 후 슬라이드의 왼쪽으로 드래그하여 이동합니다.

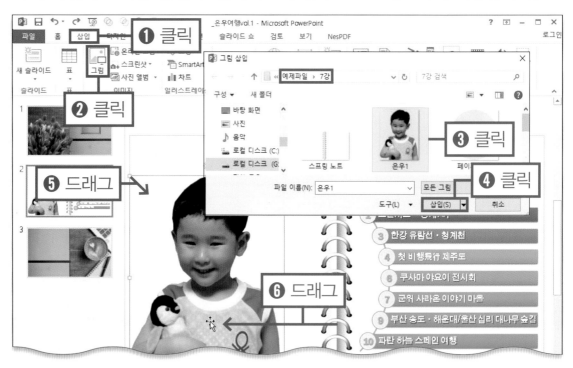

14 아이의 실루엣이 부각되도록 [그림 도구]-[서식] 탭의 [그림 스타일] 그룹에서 [그림 효과▼]를 클릭합니다. 이후 [네온]-[황금색, 18pt 네온, 강조색 4]를 차례대로 클릭합니다.

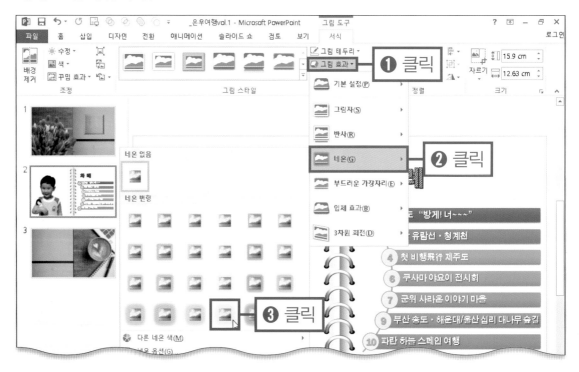

15 [삽입] 탭을 클릭한 후 [일러스트레이션] 그룹에서 [도형▼]을 클릭합니다. [직사각형]을 선택한 다음 아이 사진 위에 드래그하여 삽입합니다.

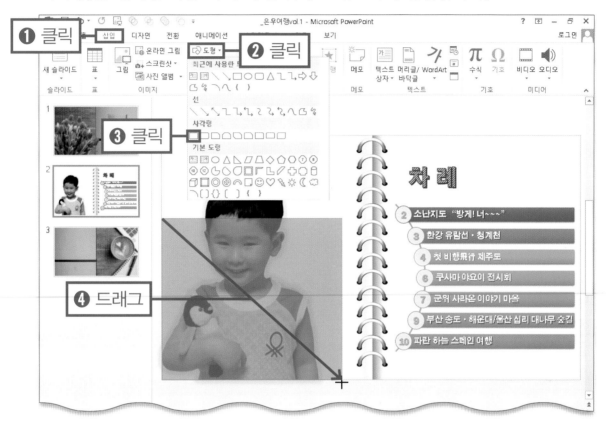

16 [그리기 도구]-[서식] 탭의 [도형 스타일] 그룹에서 [도형 채우기▼]를 클릭합니다. [녹색, 강조 6, 80% 더 밝게]를 클릭합니다.

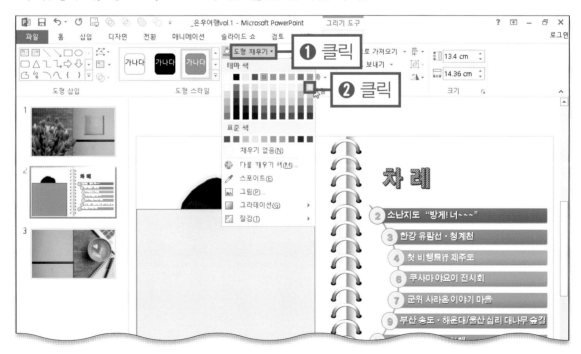

17 [도형 윤곽선▼]을 클릭한 후 [윤곽선 없음]을 클릭합니다. [정렬] 그룹에서
[뒤로 보내기]를 클릭합니다.

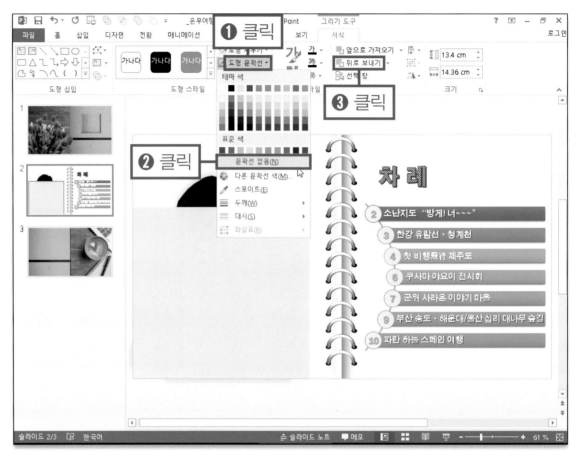

18 '목차' 슬라이드가 완성되었습니다.

CHAPTER 08

배경 투명 처리 1
-투명색 설정

POINT

그림을 삽입할 때, 투명하게 배경을 처리하고 그림의 주 대상만 돋보이게 해야 하는 경우가 많이 생깁니다. 본 교재는 파워포인트에서 배경을 투명하게 처리하는 3가지 방법을 소개합니다. 그 첫 번째로 8강에서는 '투명색 설정'을 이용한 배경 투명 처리를 배워 보겠습니다.

완성 화면

미리 보기

여기서 배워요!   투명색 설정

스프링 노트 슬라이드 추가하기

1 '파워포인트 2013'을 실행한 후 [예제파일]–[_은우여행vol.1_08강] 파일을 불러옵니다. [2번 슬라이드]를 클릭한 후 [홈] 탭–[슬라이드] 그룹에서 [새 슬라이드▼]를 클릭한 다음 [빈 화면]을 클릭합니다.

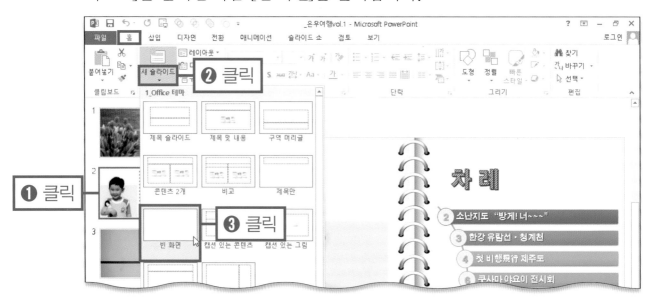

2 슬라이드 창에서 마우스 오른쪽 버튼을 누르고 [배경 서식]을 클릭합니다. '배경 서식' 창에서 [그림 또는 질감 채우기]–[파일]을 클릭합니다. [예제파일]–[7강]을 차례대로 클릭한 후 폴더에서 [스프링 노트]를 선택한 후 [삽입]을 클릭합니다.

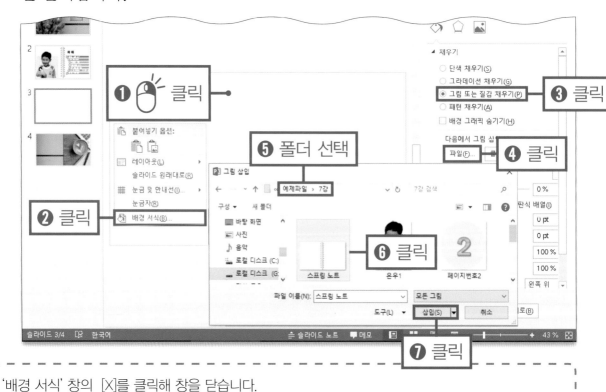

조금 더 배우기 '배경 서식' 창의 [X]를 클릭해 창을 닫습니다.

중복 슬라이드로 슬라이드 추가하기

3 '슬라이드 미리 보기 창'의 '3번 슬라이드'에 마우스 오른쪽 버튼을 누른 후 [중복 슬라이드]를 클릭합니다. '빈 스프링 노트'가 복사되어 2개가 됩니다.

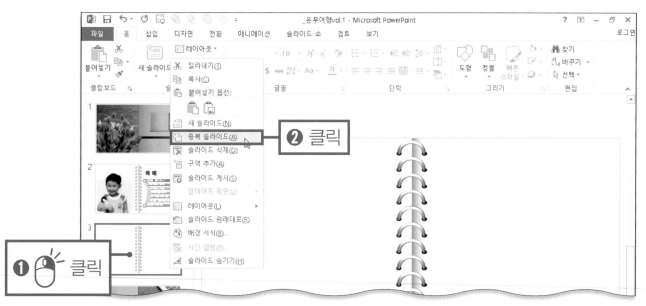

 조금 더 배우기 [중복 슬라이드] 삽입 방식으로 '빈 스프링 노트' 서식을 가진 슬라이드를 쉽게 추가할 수 있습니다.

STEP 3 **사진 넣고 스타일 바꾸기 1**

4 [3번 슬라이드]를 클릭한 후 [삽입] 탭을 클릭합니다. [이미지] 그룹에서 [그림]을 클릭한 후 [예제파일]-[8강]을 차례대로 클릭합니다. 폴더에서 [소난지도1] 그림을 선택한 후 [삽입]을 클릭합니다.

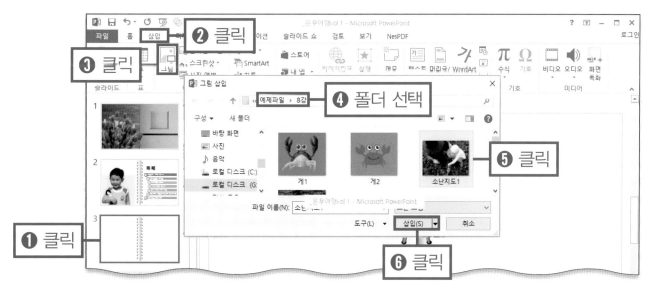

5 [그림 도구]-[서식] 탭의 [그림 스타일] 그룹에서 [자세히](▾) 버튼을 클릭한 후 [반사형 입체, 흰색]을 클릭합니다. [크기] 그룹에서 [높이]에 '9'를 입력한 후 Enter↵를 누릅니다. 그림을 드래그하여 위치를 왼쪽 중앙으로 이동시킵니다.

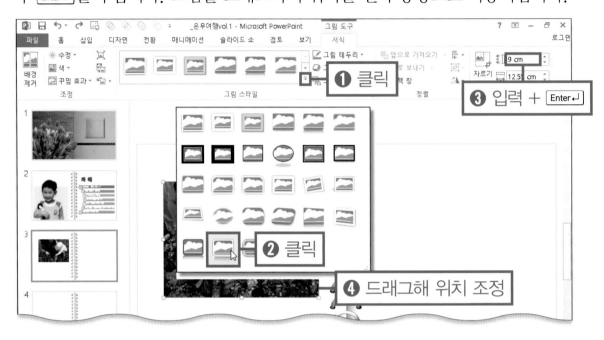

STEP 4 배경 투명 처리 1 - '투명한 색 설정'

6 [삽입] 탭을 클릭한 후 [이미지] 그룹에서 [그림]을 클릭합니다. [예제파일]-[8 강] 폴더에서 [게1] 그림을 선택한 다음 [삽입]을 클릭합니다.

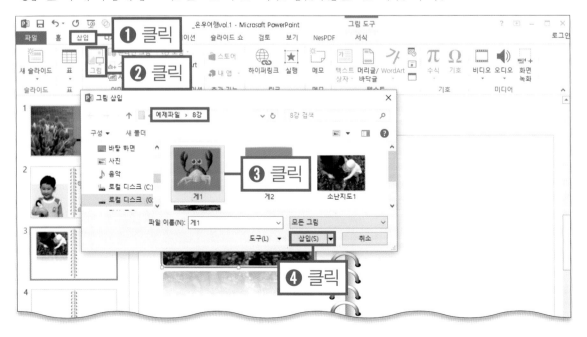

7 [그림 도구]–[서식] 탭의 [조정] 그룹에서 [색▼]–[투명한 색 설정]을 차례대로 클릭합니다. 마우스 포인터가 (🖋)로 변경되면 '게1' 그림의 단색 배경 부분을 클릭하여 배경을 제거합니다.

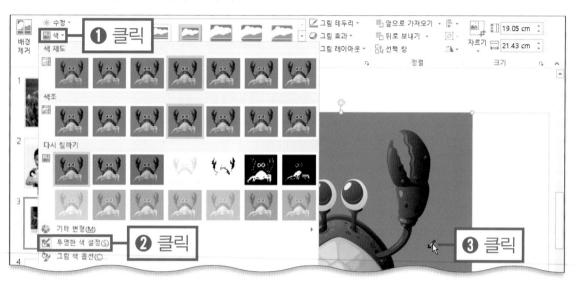

 '투명한 색 설정'은 그림에서 한 가지 색만 투명하게 만듭니다.

STEP 5 추억 입력하기 1

8 [게1] 그림의 크기를 드래그하여 조절하고 회전을 시킨 후 아이의 손가락 끝으로 이동시킵니다. [삽입] 탭을 클릭한 후 [텍스트] 그룹에서 [텍스트 상자](🔲)를 클릭합니다. 마우스 포인터가 (↓)로 변경되면 '소난지도1' 사진 아래 부분을 클릭하여 글을 입력합니다.

9 입력 후 Esc를 눌러 테두리를 실선으로 바꾼 후 [홈] 탭–[글꼴] 그룹에서 [글꼴 : HY그래픽], [글꼴 크기 : 24pt], [글꼴 색 : 진한 파랑]으로 선택합니다.

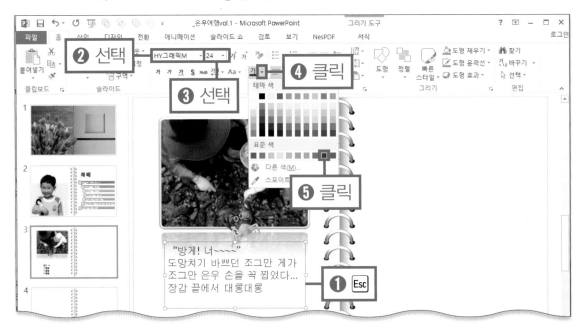

STEP 6 사진 넣고 스타일 바꾸기2

10 [삽입] 탭의 [이미지] 그룹에서 [그림]을 선택하고 [소난지도2] 그림을 클릭한 후 [조개] 그림을 Shift 를 누른 채 클릭한 다음 [삽입]을 클릭합니다.

11 삽입된 두 그림이 함께 선택되어 있으므로 여백을 클릭하여 선택을 해제합니다. 이후 각각의 그림을 클릭한 다음 조절점을 드래그하여 아래 그림과 같이 크기와 위치를 조절합니다.

12 [조개] 그림을 클릭한 후 [그림 도구]-[서식] 탭의 [그림 스타일] 그룹에서 [그림 효과▼]-[부드러운 가장자리]-[25 포인트]를 차례대로 클릭합니다. 이후 [정렬] 그룹에서 [뒤로 보내기]를 클릭합니다.

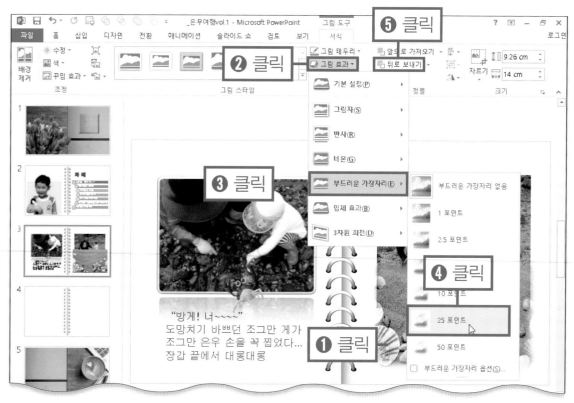

13 [소난지도2] 그림을 클릭한 후 [그림 스타일] 그룹에서 [자세히](▾) 버튼을 클릭한 다음 [입체 타원, 검정]을 클릭합니다. 이후 [그림 테두리▼]-[흰색, 배경 1]을 차례대로 클릭합니다.

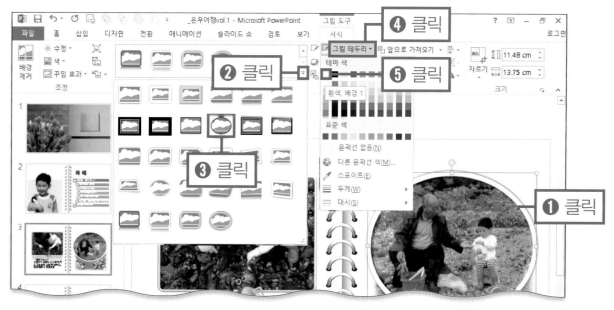

14 이후 [조정] 그룹에서 [색▼]을 클릭한 후 [색조] 목록에 있는 [온도 : 11200K]를 클릭합니다.

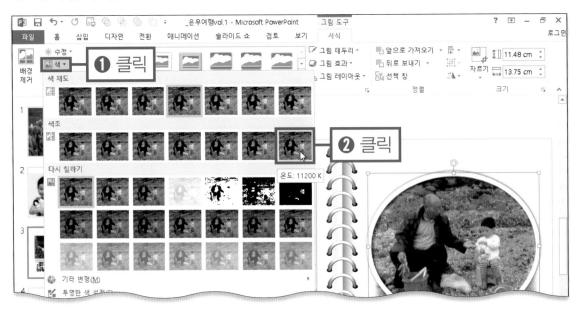

STEP 7 추억 입력하기 2

15 [삽입] 탭을 클릭한 후 [텍스트] 그룹에서 [텍스트 상자](가)를 클릭하여 아래 글을 입력합니다. Esc 를 누른 후 [홈] 탭-[글꼴] 그룹에서 [글꼴 : HY그래픽], [글꼴 크기 : 24pt], [글꼴 색 : 흰색, 배경 1], [굵게], [텍스트 그림자]를 선택하여 설정합니다. '소난지도 여행' 슬라이드가 완성되었습니다.

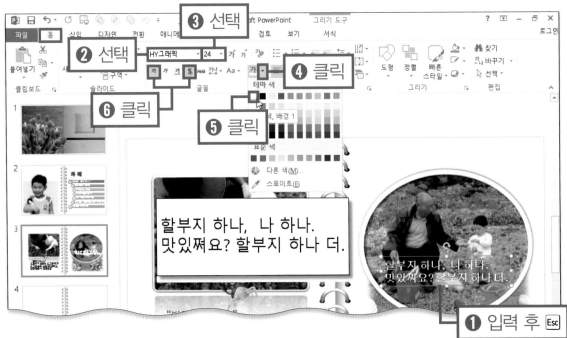

CHAPTER 09

도형의 활용

POINT

여기서는 도형 다루기를 이해하고 도형을 창의적으로 조합해 봅니다.
세로로 긴 사진과 가로로 긴 사진에 맞춰 블록을 만들어
사진 액자로 사용해 보겠습니다.

완성 화면
미리 보기

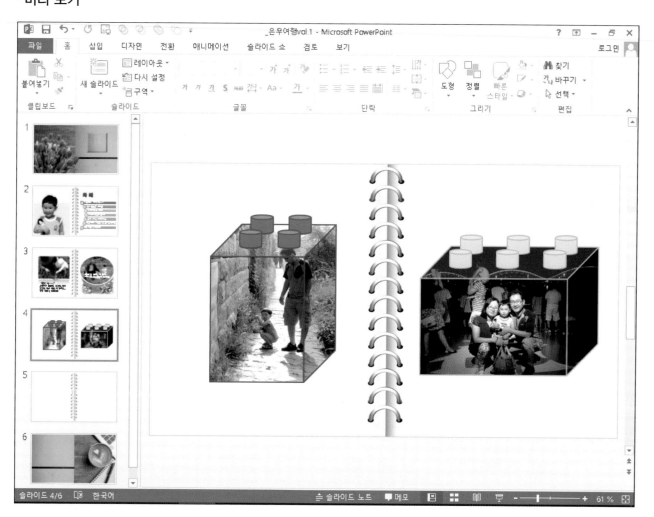

여기서
배워요!   도형 복사, 그리기 도구 서식

스프링 노트 슬라이드 추가하기

1 ⸱⸱⸱⸱⸱ '파워포인트 2013'을 실행한 후 [예제파일]-[_은우여행vol.1_09강] 파일을 불러옵니다. '슬라이드 미리 보기 창'의 '4번 슬라이드'에서 마우스 오른쪽 버튼을 누른 후 [중복 슬라이드]를 클릭합니다. 이후 다시 [4번 슬라이드]를 클릭합니다.

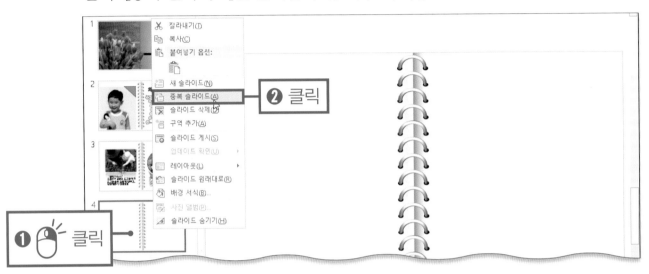

 여분의 '스프링 노트' 슬라이드를 [중복 슬라이드] 방식으로 추가합니다.

사진에 맞게 도형 넣기

2 ⸱⸱⸱⸱⸱ [삽입] 탭을 클릭한 후 [일러스트레이션] 그룹에서 [도형▼]을 클릭합니다. [정육면체](⬚)를 클릭한 다음 슬라이드에 드래그하여 삽입합니다.

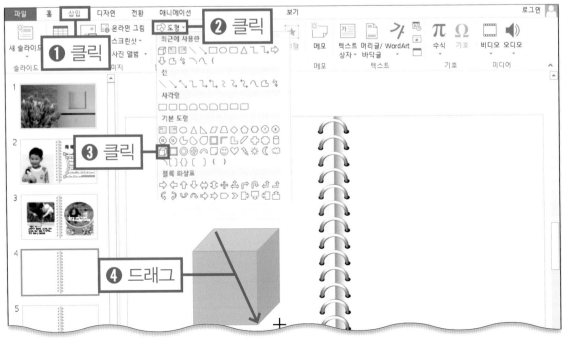

3 [그리기 도구]-[서식] 탭의 [크기] 그룹에서 [높이]는 '11', [너비]는 '9'를 입력합니다. 그리고 왼쪽 중앙으로 위치 이동합니다.

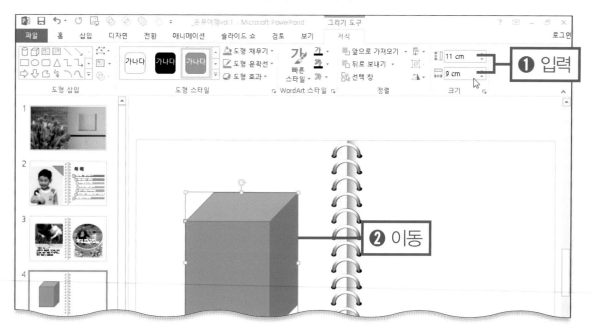

STEP 3 장난감 블록의 결합부 만들기

4 [삽입] 탭을 클릭한 후 [일러스트레이션] 그룹에서 [도형▼]을 클릭합니다. 이번에는 [원통](⬛)을 클릭하여 정육면체 위에 드래그합니다. [그리기 도구]-[서식] 탭-[크기] 그룹에서 [높이]는 '1.3', [너비]는 '1.6'을 입력합니다.

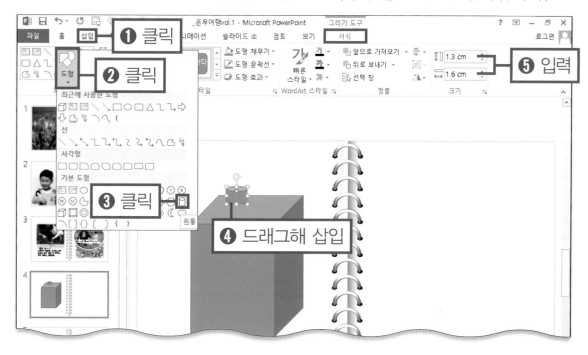

5 [원통] 안에서 마우스 포인터가 (⊹)일 때 Ctrl을 누른 채 드래그하여 그림과 같이 복사합니다. 두 개의 '원통'을 함께 선택하기 위해 도형이 없는 바깥쪽에서 대각선으로 드래그하여 두 도형을 덮습니다.

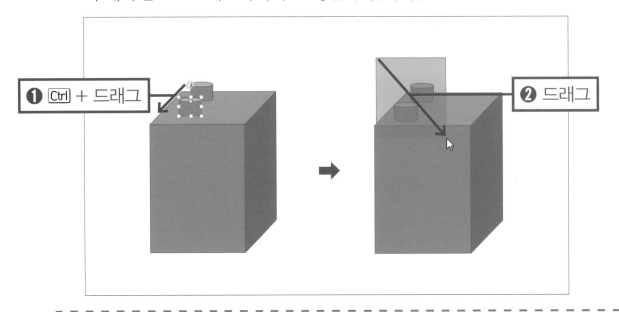

❶ Ctrl + 드래그

❷ 드래그

> 키보드와 마우스를 함께 사용하는 경우 마우스에서 먼저 손을 떼고 그 다음 키보드에서 손을 떼야 합니다. 예를 들면 Ctrl을 누른 채 드래그하여 복사를 하고자 할 때, 키보드에서 먼저 손을 떼 버리면 이동만 됩니다.

6 두 원통이 선택되었으면 도형 안에서 마우스 포인터가 (⊹)일 때 Ctrl과 Shift를 동시에 누른 채 오른쪽으로 드래그하여 복사합니다.

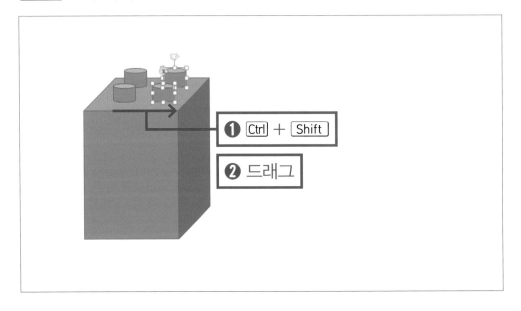

❶ Ctrl + Shift

❷ 드래그

> 두 원통이 선택되어 있을 때 Ctrl과 D를 함께 눌러 복제를 한 후 위치를 이동하는 방법도 있습니다.

7 ······ Ctrl과 A를 함께 눌러 장난감 블럭 전체를 선택한 후 [그리기 도구]-[서식] 탭을 선택한 다음 [도형 스타일] 그룹에서 [도형 채우기▼]-[빨강]을 차례대로 클릭합니다.

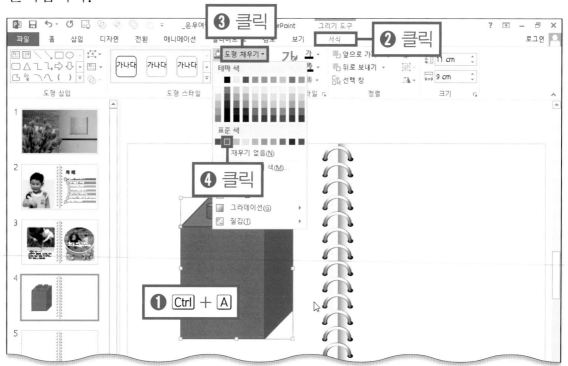

8 ······ 이번에는 [도형 윤곽선▼]을 클릭한 후 [진한 빨강]을 클릭합니다. 이후 다시 한 번 [도형 윤곽선▼]-[두께]-[2¼pt]를 차례대로 클릭해서 윤곽선을 지정합니다.

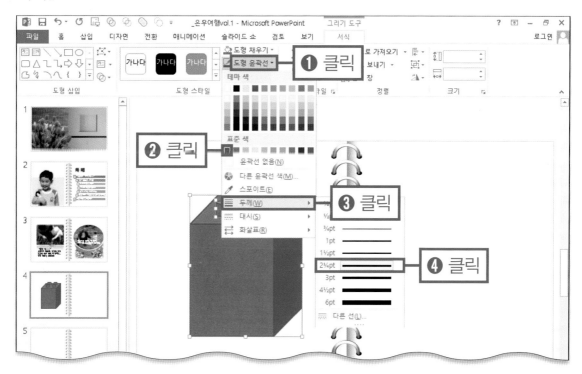

혼자서도 만들 수 있어요!

1 아래 그림처럼 노란 장난감 블록을 추가해 봅니다.

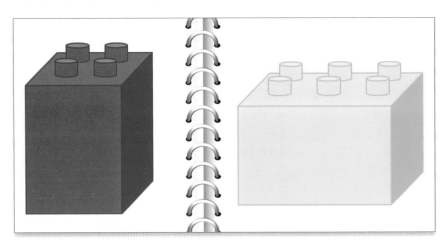

HINT
- 정육면체의 크기 : [높이 : 9], [너비 : 13]
- 원통의 크기 : [높이 : 1.3], [너비 : 1.6]
- 도형 채우기 : [색 : 노랑]
- 도형 윤곽선 : [색 : 주황], [두께 : 2¼ pt]

2 아래 그림처럼 '정육면체' 도형을 그림으로 채워봅니다.

HINT
각 장난감 블록에서 [정육면체] 도형만을 클릭한 후 [도형 채우기▼]–[그림]–[파일]에서 [예제파일]–[9강]–[청계천], [한강유람선] 그림을 삽입

경로형 그라데이션

POINT

여기서는 앞서 도형으로 만든 '장난감 블록 액자'를 그림과 도형으로 장식합니다.
색이 점점 옅어지는 그라데이션을 별에 적용하여
별을 형상화하는 방법도 알아보겠습니다.

완성 화면
미리 보기

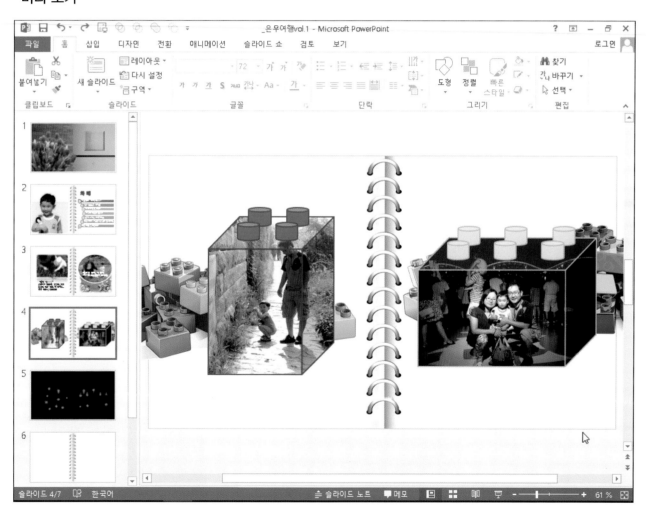

여기서
배워요! 그림 도구 서식, 그라데이션 채우기, 도형 복사

1 ····· '파워포인트 2013'을 실행한 후 [예제파일]–[_은우여행vol.1_10강] 파일을 불러옵니다. '4번 슬라이드'가 선택된 상태에서 [삽입] 탭을 클릭한 후 [이미지] 그룹에서 [그림]을 클릭합니다. '그림 삽입' 창에서 [예제파일]–[10강]을 차례대로 선택한 후 폴더에서 [장난감 블록]–[삽입]을 클릭합니다.

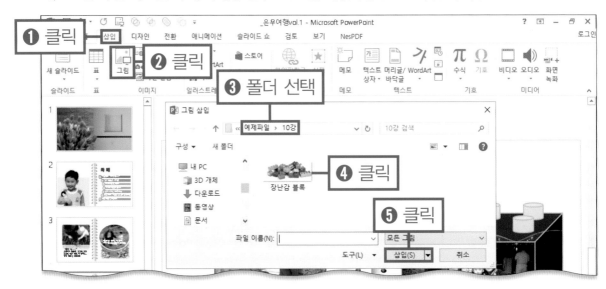

2 ····· [그림 도구]–[서식] 탭의 [정렬] 그룹에서 [뒤로 보내기▼]–[맨 뒤로 보내기]를 클릭합니다. [장난감 블록] 그림을 하나 더 삽입하여 동일하게 [맨 뒤로 보내기] 합니다. 그리고 크기 및 위치를 아래 그림처럼 조절합니다.

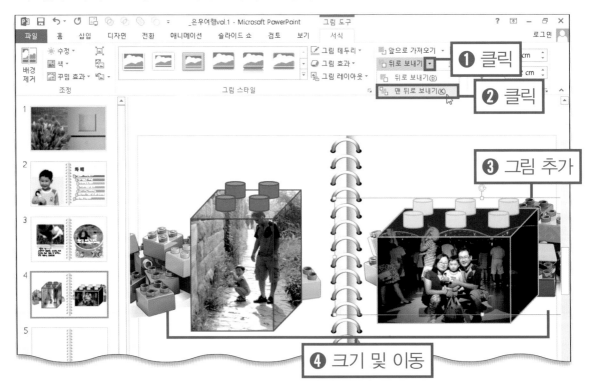

3 [홈] 탭을 클릭한 후 [슬라이드] 그룹에서 [새 슬라이드▼]-[빈 화면]을 차례대로 클릭합니다.

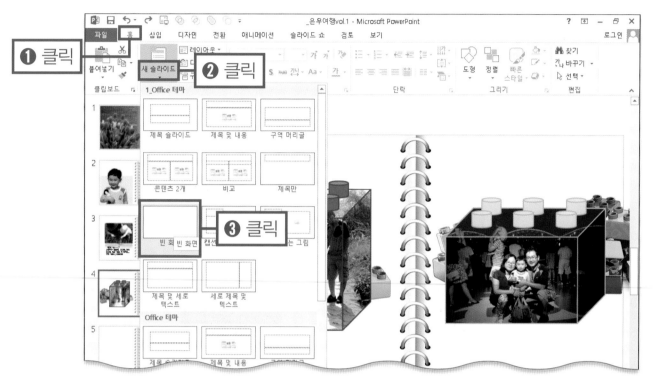

4 슬라이드에서 마우스 오른쪽 버튼을 누른 후 [배경 서식]을 클릭합니다. '배경 서식' 창에서 [단색 채우기]-[채우기 색](🎨▼)을 클릭한 후 [검정, 텍스트 1]을 클릭합니다.

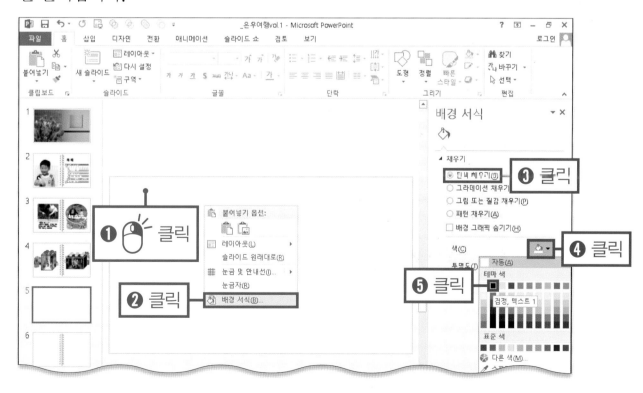

5 [삽입] 탭을 클릭한 후 [일러스트레이션] 그룹에서 [도형▼]을 클릭합니다. [포인트가 10개인 별]을 클릭하고 슬라이드에 드래그합니다.

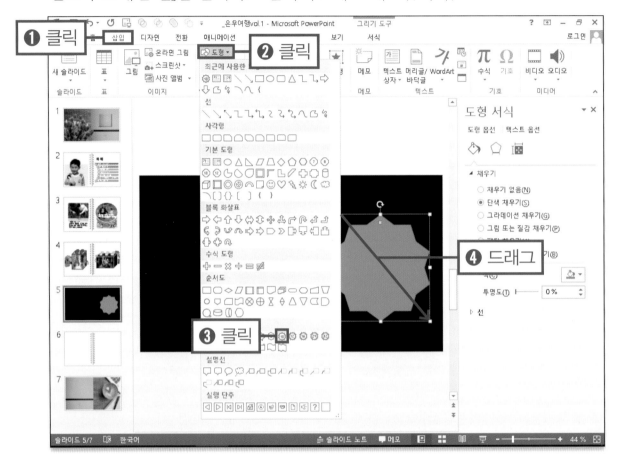

6 노란색 모양 조절점을 아래로 드래그하여 그림과 같이 두께를 조절합니다.

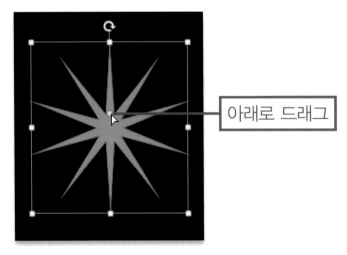

7 '도형 서식' 작업 창에서 [그라데이션 채우기]를 클릭한 후 '종류'에서 [경로형]을 클릭합니다. 이후 '그라데이션 중지점'을 아래와 같이 설정합니다.

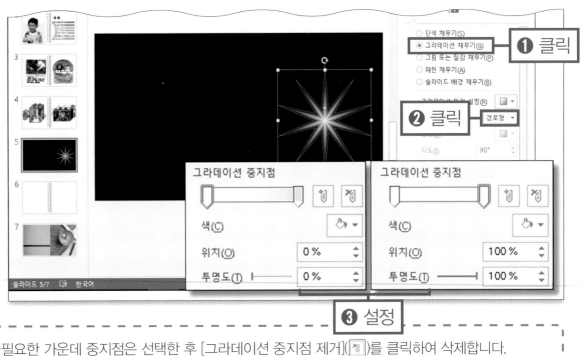

조금 더 배우기 불필요한 가운데 중지점은 선택한 후 [그라데이션 중지점 제거](🔖)를 클릭하여 삭제합니다.

8 도형 윤곽선을 없애기 위해 아래에 있는 [선]을 클릭한 후 [선 없음]을 클릭합니다.

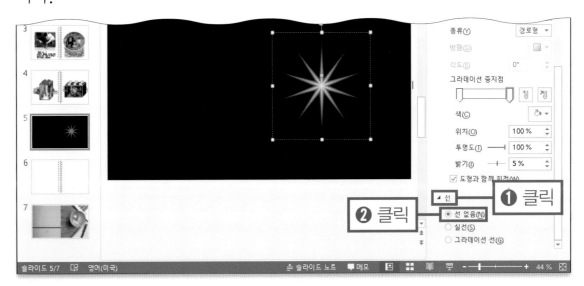

조금 더 배우기 '도형 서식' 작업 창이 없다면 '별' 위에 마우스 오른쪽 버튼을 누른 후 [도형 서식]을 선택합니다.

9 ...... 조절점에 마우스 포인터를 갖다 대면 (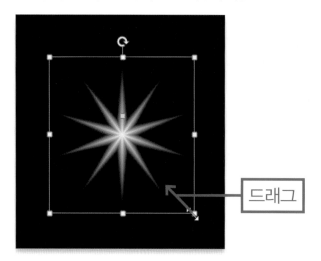)로 변경됩니다. 이때 안쪽으로 드래그하여 크기를 작게 조절합니다.

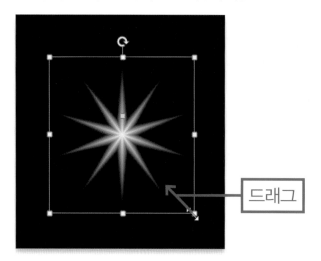

드래그

10 .... 크기 조절이 완료되면 '별 도형' 위에 마우스 포인터를 올려놓습니다. 포인터가 (⬡)로 변경되면 Ctrl을 누른 채 드래그하여 복사합니다.

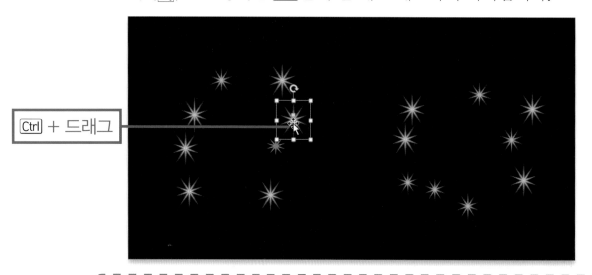

Ctrl + 드래그

'4번 슬라이드'에 세로로 긴 도형과 가로로 긴 도형이 배치되어 있으므로 이를 염두에 두고 별을 복사하고 이동 배치합니다.

도형 빼기 및 배경 투명 처리 2-배경 제거

POINT

'도형 빼기'를 이용하여 '4컷 만화'의 틀을 마련해 보겠습니다.
또 '배경을 투명하게 처리하는 방법으로 '배경 제거' 기능을 배우도록 하겠습니다.

완성 화면
미리 보기

여기서
배워요! 도형 빼기, 배경 제거, 도형에 글자 넣기

※ 여기서 사용하는 예제 파일 이미지 중 [쿠사마 야요이] 사진들은 '쿠사마 야요이(Kusama Yayoi 설치 미술가)'가 만든 작품들을 찍은 사진이에요. 파워포인트 기능들을 익히면서 미술 작품도 함께 감상해 보도록 해요.

1 ·····‘파워포인트 2013’을 실행한 후 [예제파일]-[_은우여행vol.1_11강] 파일을 불러옵니다. [삽입] 탭을 클릭한 후 [일러스트레이션] 그룹에서 [도형]-[모서리가 둥근 직사각형](□)을 차례대로 클릭한 다음 드래그합니다. 이후 [그리기 도구]-[서식] 탭의 [크기] 그룹에서 [높이], [너비] 모두 ‘6’을 입력하고 Enter↲ 를 누릅니다.

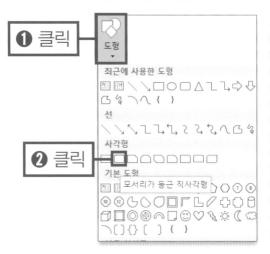

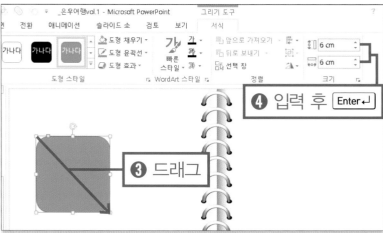

 ‘슬라이드 미리 보기 창’의 ‘6번 슬라이드’에 마우스 오른쪽 버튼을 누른 후 [중복 슬라이드]를 클릭하여 ‘스프링 노트 7번 슬라이드’를 만듭니다. 이후 ‘6번 슬라이드’를 클릭하여 따라 하기를 진행하도록 합니다.

2 ·····도형을 복사하기 위해 도형 위에 마우스 포인터를 올립니다. 마우스 포인터가 (⬚)일 때 Shift 와 Ctrl 을 동시에 누른 채 수평으로 드래그하여 복사합니다.

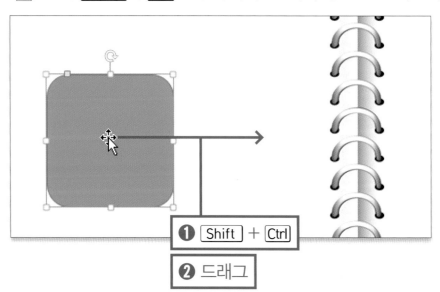

3 Ctrl과 A를 함께 눌러 도형을 모두 선택합니다. 도형 안에 마우스 포인터를 갖다 댄 후 (🔀)로 변경되면 Shift 와 Ctrl을 동시에 누른 채 아래쪽으로 드래 그하여 복사합니다.

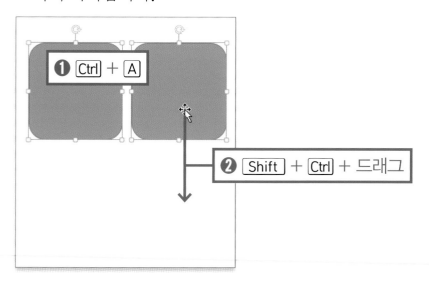

STEP 2 **빈 공간용 '정원' 복제하기**

4 [삽입] 탭–[일러스트레이션] 그룹에서 [도형]–[타원](◯)을 클릭하여 아래 그 림처럼 도형들 사이에 드래그하여 삽입합니다. 이후 [그리기 도구]–[서식] 탭 의 [크기] 그룹에서 [높이], [너비] 모두 '5.5'를 입력합니다.

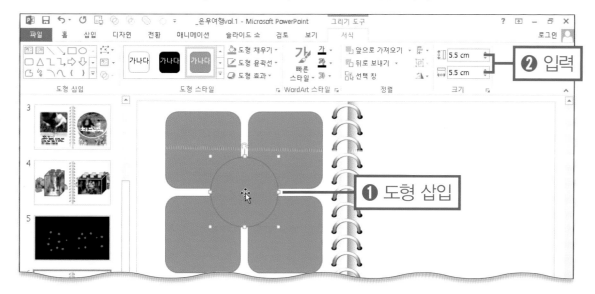

 위치를 미세하게 조정하고 싶을 때는 Ctrl을 누른 채 방향키(←, →, ↑, ↓)를 이용합니다.

5 ..... '정원'을 3개 복사하기 위해 정원이 선택되어 있을 때 Ctrl 을 누른 상태로 D 를 천천히 3번 누릅니다.

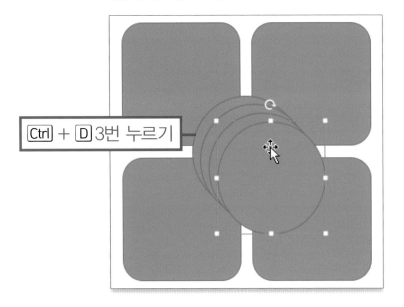

Ctrl + D 3번 누르기

6 ..... 4개의 정원을 모두 선택하기 위해 아래 그림처럼 드래그합니다. 이후 모든 정원을 첫 번째 정원에 맞추기 위해 [그리기 도구]-[서식] 탭의 [정렬] 그룹에서 [개체 맞춤](⊞▾)-[왼쪽 맞춤]을 클릭한 후 다시 [위쪽 맞춤]을 클릭합니다.

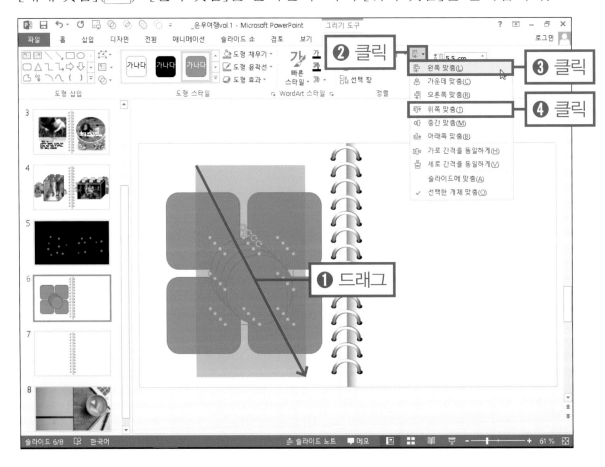

7 왼쪽 상단에 있는 [모서리가 둥근 직사각형] 하나를 클릭한 후 Shift 를 누른 상태로 [정원]을 클릭합니다. 이후 상단의 '빠른 실행 도구 모음'에서 [도형 빼기](◎)를 클릭합니다.

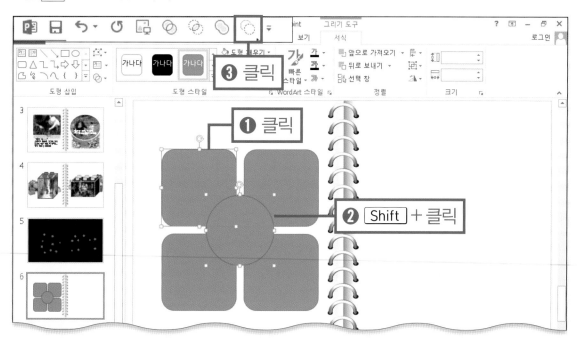

조금 더 배우기 : 4개의 '모서리가 둥근 직사각형'과 4개의 '정원'이 서로 짝이 되어 새로운 도형을 만들어 냅니다. 참고로 [도형 빼기]는 '선택의 순서'가 매우 중요합니다.

8 남은 '모서리가 둥근 직사각형'과 '정원'도 짝을 지어 위 **7**처럼 [도형 빼기](◎)를 3번 실시합니다.

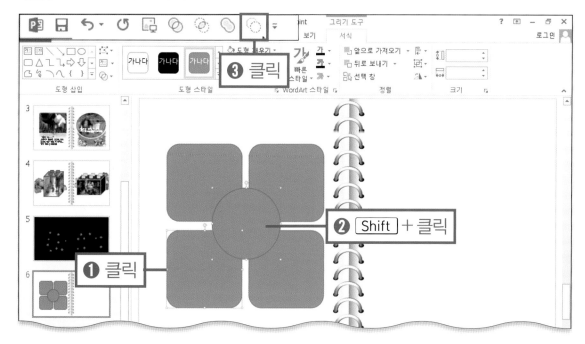

9 Ctrl과 A를 함께 눌러 도형을 모두 선택합니다. [그리기 도구]-[서식] 탭의 [도형 스타일] 그룹에서 [도형 효과▼]-[기본 설정]-[기본 설정 1]을 차례대로 클릭합니다. 이후 여백을 클릭하여 선택을 해제합니다. 변형된 첫 번째 도형을 클릭합니다.

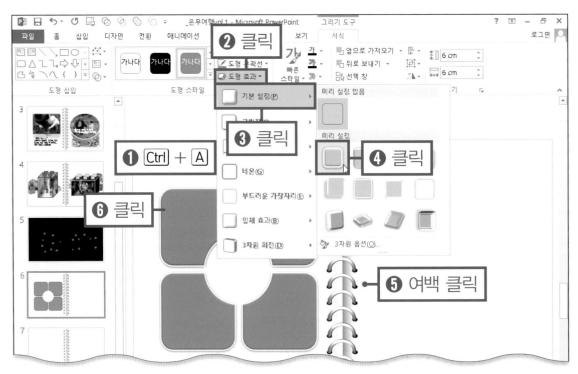

10 [도형 스타일] 그룹에서 [도형 채우기▼]-[그림]을 클릭합니다. [파일에서]를 클릭한 후 [예제파일]-[11강] 폴더를 차례대로 선택한 다음 [미술관1]을 삽입합니다. 나머지 세 도형도 이와 같은 방법으로 '미술관2, 3, 4' 사진을 삽입합니다.

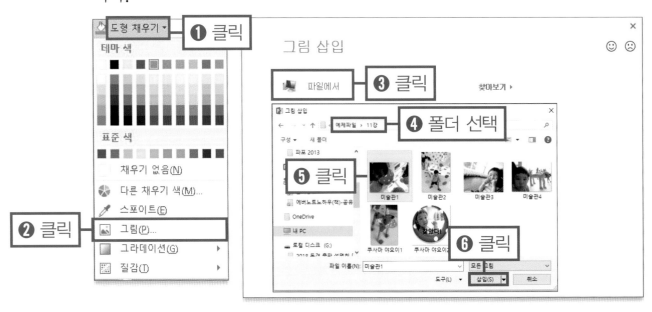

11 사진이 눌려 있는 '미술관2'를 수정하기 위해 사진을 클릭한 후 [도형 스타일] 그룹에서 [도형 서식]( )을 클릭합니다. 이후 '그림 서식' 창에서 [채우기 및 선]( )–[채우기]를 클릭한 후 [오프셋 위쪽]에 '–50%'를 입력합니다.

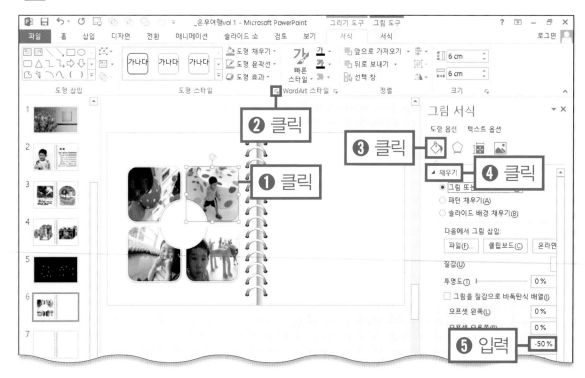

STEP 5 배경 투명 처리 2 – '배경 제거'

12 [삽입] 탭–[이미지] 그룹에서 [그림]을 클릭하여 [쿠사마 야요이1]을 삽입합니다. 이후 [그림 도구]–[서식] 탭의 [조정] 그룹에서 [배경 제거]를 클릭합니다.

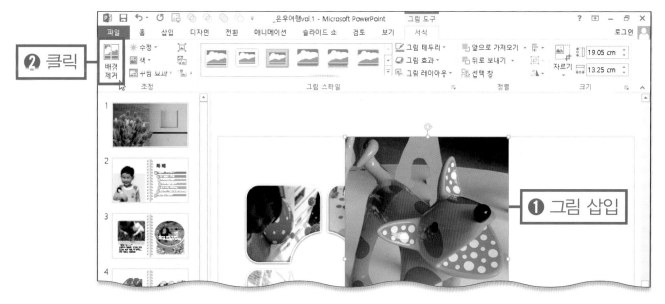

13 조절점을 바깥쪽 끝까지 드래그하여 '강아지' 그림이 모두 조절점 범위 안에 있도록 합니다.

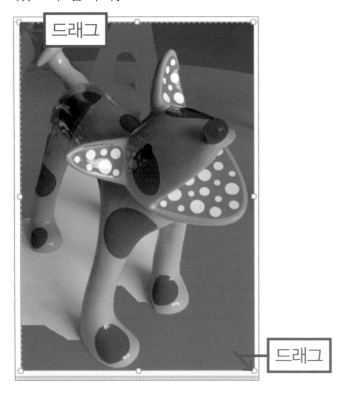

14 [보관할 영역 표시](⊕)를 클릭한 후 그림 위에 마우스 포인터를 갖다 대면 (✎)로 변경됩니다. 삭제되는 영역을 표시하는 보라색 부분을 잘 살피며 '남겨야 할 부분'을 드래그합니다.

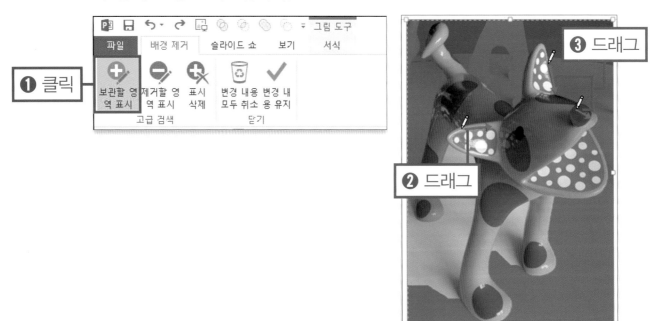

15 이번에는 [제거할 영역 표시](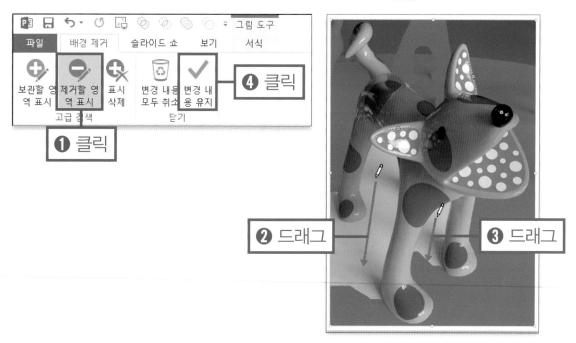)를 클릭한 후 마우스 포인터(✎)로 '삭제해야 할 부분'을 드래그합니다. 완료되면 [변경 내용 유지](✓)를 클릭합니다.

16 강아지의 크기와 위치를 그림과 같이 조절합니다.

크기 및 위치 조정

STEP 6　바운드할 공 삽입하기

17 [삽입] 탭-[이미지] 그룹에서 [그림]을 클릭하여 [쿠사마 야요이2]를 삽입합니다. 이후 위치를 그림과 같이 이동시킨 다음 크기를 조절합니다.

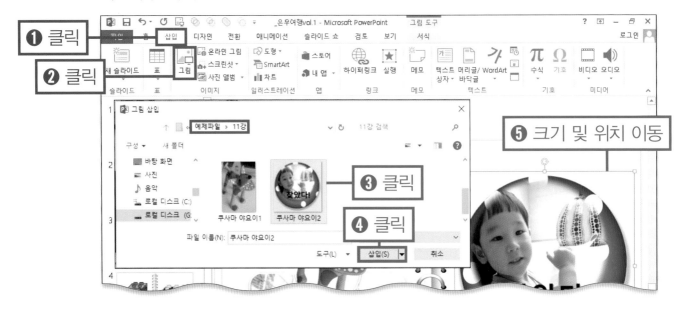

STEP 7　말풍선에 글자 넣기

18 [삽입] 탭-[일러스트레이션] 그룹에서 [도형▼]-[타원형 설명선]을 클릭하여 '쿠사마 야요이4' 위에 드래그합니다.

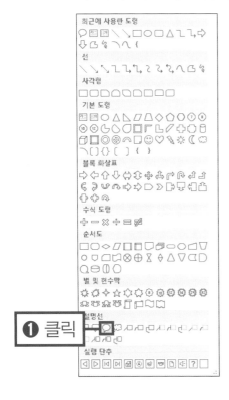

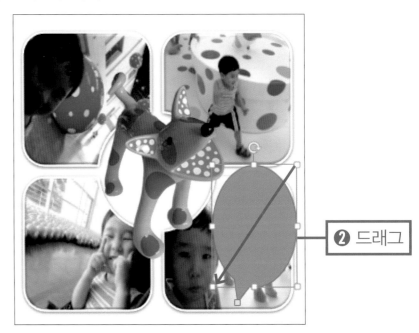

19 '타원형 설명선'의 노란색 모양 조절점에 마우스 포인터(🖑)를 맞춘 후 입술 쪽으로 드래그합니다. 그리고 [그리기 도구]-[서식] 탭의 [도형 스타일] 그룹에서 [자세히](▾) 버튼을 클릭한 후 [강한 효과-주황, 강조 2]를 클릭합니다.

20 [홈] 탭-[글꼴] 그룹에서 [모든 서식 지우기](🅰)를 클릭합니다. 그리고 [그림자](S)만 다시 클릭합니다. 마지막으로 '노란 호박은 어디 있어요?'를 입력합니다.

• 도형 자체에 글자가 입력되므로 텍스트 상자를 따로 삽입할 필요가 없습니다.
• 도형의 일반적 글자 서식으로 변경하고자 할 때 [모든 서식 지우기] (🅰)를 클릭합니다.

배경 투명 처리 3
-자유형 도형

POINT

배경 투명 처리 방법으로 앞서 배운 '투명색 설정'은 배경이 단색이어야만 하고 또한, '배경 제거'는 자세히 살피지 못하면 채워지지 않는 부분이 생기는 단점이 있습니다. 12강에서는 이러한 점을 보완할 수 있도록 '자유형 도형'을 응용해서 배경을 투명하게 처리하는 방법을 소개합니다.

완성 화면
미리 보기

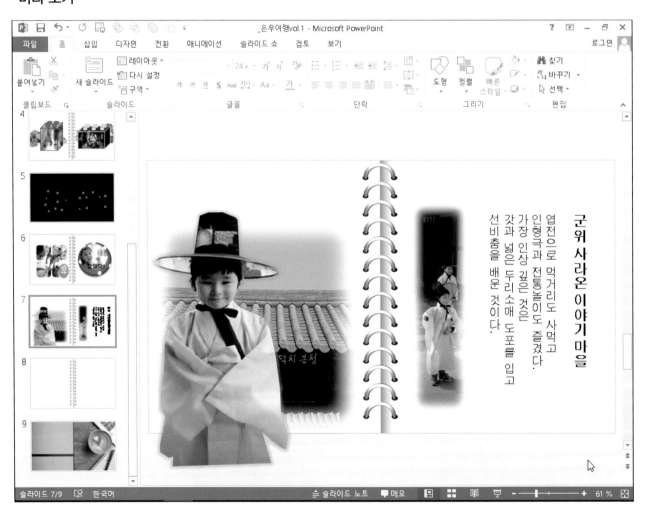

여기서
배워요! 자유형 도형, 자르기, 세로 텍스트 상자

1 '파워포인트 2013'을 실행한 후 [예제파일]-[_은우여행vol.1_12강] 파일을 불러옵니다. [삽입] 탭-[일러스트레이션] 그룹에서 [도형▼]-[자유형]을 클릭한 다음 각 지점을 클릭하여 도형을 만듭니다. 시작 지점 근처로 되돌아오면 면이 저절로 채워지는데, 이때 클릭해서 도형을 완성합니다.

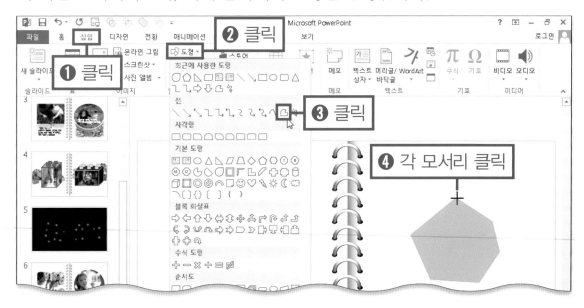

2 [그리기 도구]-[서식] 탭-[도형 스타일] 그룹에서 [도형 윤곽선▼]을 클릭한 후 [빨강]을 클릭합니다. 다시 한 번 [도형 윤곽선▼]을 클릭한 다음 [두께]-[3pt]를 차례대로 클릭합니다. 이후 도형 위에 마우스 오른쪽 버튼을 누르고 [기본 도형으로 설정]을 클릭합니다.

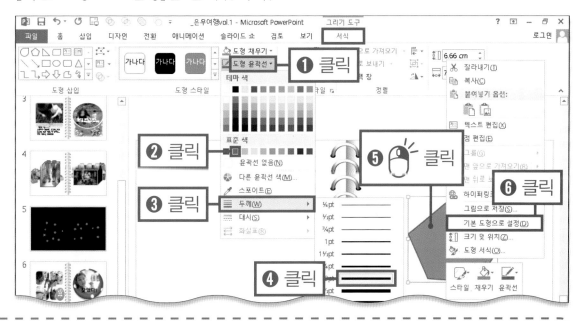

빨갛고 굵은 윤곽선이 적용되면 자유형 도형으로 그림의 윤곽을 본뜰 때 잘 보여서 편리합니다. 자유형 도형 연습과 기본 도형으로 설정이 끝났으므로 도형을 삭제합니다.

3 ····· [삽입] 탭-[이미지] 그룹에서 [그림]을 클릭합니다. [예제파일]-[12강] 폴더를 차례대로 선택한 후 [군위1] 그림을 삽입합니다.

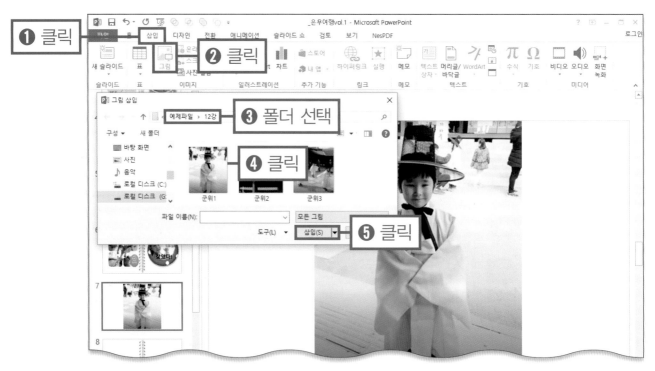

'슬라이드 미리 보기 창'의 '7번 슬라이드' 위에 마우스 오른쪽 버튼을 누른 후 [중복 슬라이드]를 클릭합니다. 다시 [7번 슬라이드]를 클릭하여 위 작업을 진행합니다.

4 ····· 다시 [삽입] 탭을 클릭한 후 [일러스트레이션] 그룹에서 [도형▼]-[자유형]
(🖱)을 차례대로 클릭합니다.

5 아이의 실루엣을 따라 클릭합니다. 잘못 클릭했을 때는 Delete를 눌러 전 지점으로 되돌아갑니다. 시작점 근처로 되돌아와서 면이 저절로 채워지면 클릭하여 마무리합니다.

실루엣을 따라 클릭

조금 더 배우기 · 실루엣을 따라 전진하며 클릭해야 합니다. 혹 제자리를 클릭하면 자유형 도형이 종료됩니다.

6 [그리기 도구]–[서식] 탭의 [도형 스타일] 그룹에서 [도형 서식](⌐)을 클릭합니다. '그림 서식' 창에서 [채우기 및 선](◇)–[채우기]–[그림 또는 질감 채우기]를 차례대로 클릭합니다. 이후 [파일]을 클릭한 다음 [예제파일]–[12강] 폴더에서 [군위1] 그림을 삽입합니다.

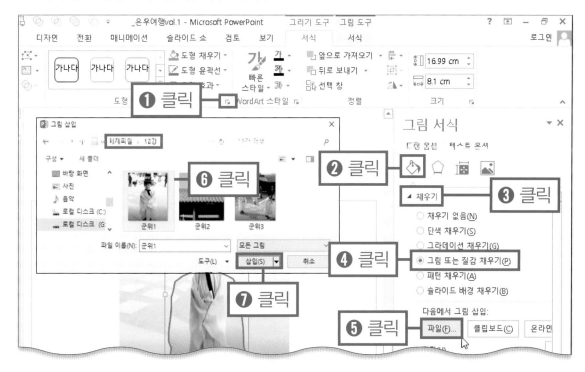

7 '자유형 도형'의 빨간 윤곽선과 '군위1' 사진의 편차를 조절해야 합니다. '그림 서식' 작업 창의 아래쪽에 있는 [오프셋]에서 대략 [오프셋 왼쪽]은 '-58', [오프셋 오른쪽]은 '-53', [오프셋 위쪽]은 '-2', [오프셋 아래쪽]은 '-11'을 입력합니다.

• 오프셋은 대략적 수치를 입력한 후, 빨간 윤곽선에 맞춰 키보드의 ↑와 ↓로 수정 작업합니다.
• '그림 서식' 작업 창을 닫으려면 오른쪽 위의 [X]를 클릭합니다.

8 [도형 스타일] 그룹에서 [도형 윤곽선▼]-[윤곽선 없음]을 클릭합니다. 이후 [도형 효과▼]-[네온]-[회색-50%, 11pt, 네온, 강조색 3]을 차례대로 클릭합니다.

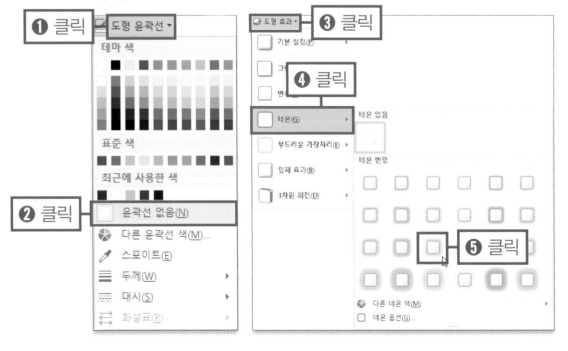

9 본뜨기 위해 넣었던 뒤쪽 [군위1] 사진을 클릭한 후 Delete를 눌러 삭제합니다.

❶ 클릭 후 Delete

❷ 크기 및 이동

> 조금 더 배우기
> '자유형 도형'을 활용해 추출한 이미지 위에 마우스 오른쪽 버튼을 누른 후 [그림으로 저장]을 선택하면 배경이 투명한 'png 파일'이 됩니다.

STEP 3 배경 사진 넣기

10 이번에는 [예제파일]-[12강] 폴더에서 [군위2] 그림을 삽입합니다. [그림 스타일] 그룹에서 [그림 효과▼]-[부드러운 가장자리]-[50 포인트]를 차례대로 클릭합니다. 이후 [뒤로 보내기]를 클릭합니다. 그림들의 크기와 위치를 아래와 같이 조절합니다.

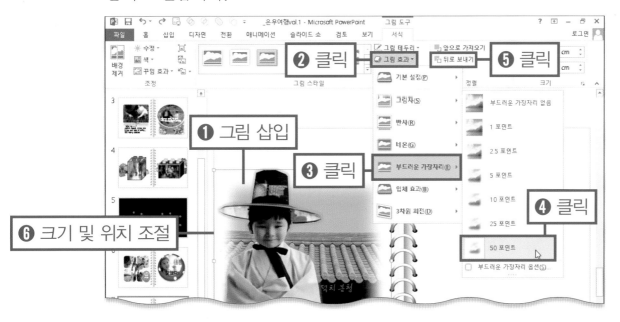

사진 자르기 및 스타일 꾸미기

11 ···· 이번에는 [예제파일]-[12강] 폴더에서 [군위3] 그림을 삽입한 후 [크기] 그룹에서 [자르기](🖼)를 클릭합니다. 마우스 포인터를 조절점에 갖다 대면 (⊢)로 변경됩니다. 이때 왼쪽으로 드래그하고 다시 [자르기](🖼)를 클릭하여 자릅니다.

12 ···· [그림 스타일] 그룹에서 [그림 효과▼]-[부드러운 가장자리]-[25 포인트]를 차례대로 클릭합니다.

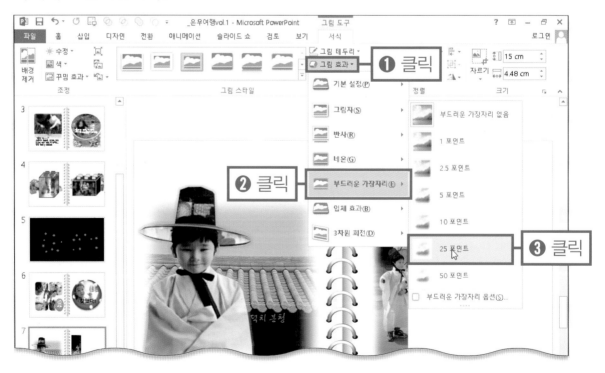

13 [삽입] 탭을 클릭한 후 [텍스트] 그룹에서 [텍스트 상자▼]-[세로 텍스트 상자]를 클릭합니다. 이후 오른쪽 슬라이드 빈 공간을 클릭한 다음 글을 입력합니다.

14 Esc를 누른 후 [글꼴] 그룹에서 [글꼴 : HY그래픽], [글꼴 크기 : 24]로 선택합니다. 이후 '제목'만 드래그해서 범위를 지정한 후 [글꼴 크기 : 28], [굵게](가)로 선택합니다.

동영상 다루기

여기서는 비디오를 삽입하고 여러 비디오 도구를 살펴봅니다.

사각형이었던 비디오의 형태를 바꾸고 재생 방법을 익힙니다.

또한 원하는 구간만 잘라서 쓸 수 있도록 설정하는 비디오 트리밍과 동영상에

적당한 이야기를 담을 그림을 사용해 장식하는 법을 익힙니다.

완성 화면

미리 보기

여기서

배워요! 비디오 삽입, 비디오 도구 서식

1 '파워포인트 2013'을 실행한 후 [예제파일]–[_은우여행vol.1_13강] 파일을 불러옵니다. [삽입] 탭–[이미지] 그룹에서 [그림]을 클릭한 후 [예제파일]–[13강] 폴더를 차례대로 선택한 다음 [도서관1] 그림을 삽입합니다. 이후 [그림 도구]–[서식] 탭의 [정렬] 그룹에서 [개체 맞춤](📊▾)–[왼쪽 맞춤]을 클릭합니다.

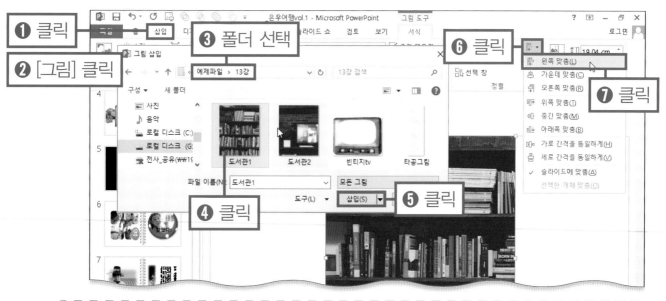

> 🌱 조금 더 배우기
> '슬라이드 미리 보기 창'의 '8번 슬라이드' 위에 마우스 오른쪽 버튼을 누른 후 [중복 슬라이드]를 클릭합니다. 다시 '8번 슬라이드'를 클릭하여 위 작업을 진행합니다.

2 다시 한 번 [삽입] 탭에서 [그림]을 클릭하여 [예제파일]–[13강] 폴더에서 [도서관2] 그림을 삽입합니다. 이후 [정렬] 그룹에서 [개체 맞춤](📊▾)–[오른쪽 맞춤]을 클릭합니다.

3 [삽입] 탭을 클릭한 후 [미디어] 그룹에서 [비디오▼]-[내 PC의 비디오]를 차례대로 클릭합니다. '비디오 삽입' 창에서 [예제파일]-[13강] 폴더에 있는 [(영상)선비춤]을 클릭한 후 [삽입]을 클릭합니다.

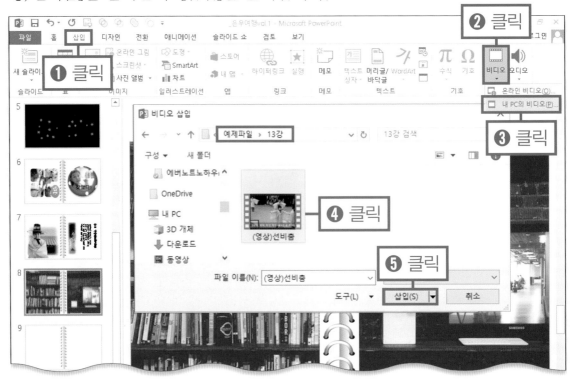

4 [비디오 도구]-[서식] 탭의 [크기] 그룹에서 [높이]에 '9'를 입력하고 Enter↵를 누릅니다.

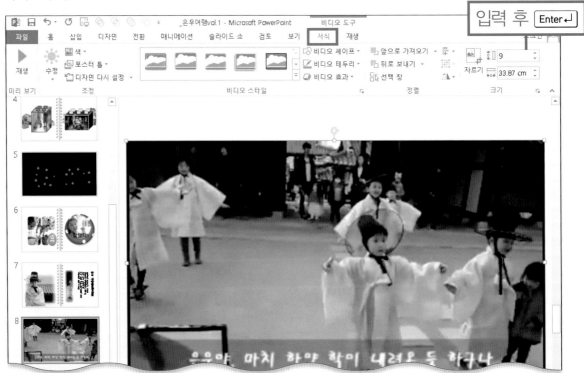

5 이후 [비디오 스타일] 그룹에서 [비디오 셰이프▼]를 클릭한 후 [모서리가 둥근 직사각형]을 클릭합니다.

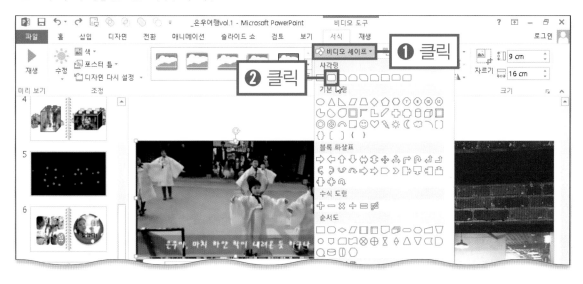

[STEP 3]
비디오 구간 자르기

6 이번에는 [비디오 도구]-[재생] 탭을 클릭한 후 [편집] 그룹에서 [비디오 트리밍]을 클릭합니다. [시작 시간]은 '20', [종료 시간]은 '60'을 입력한 후 [확인]을 클릭합니다.

STEP 4 비디오 볼륨과 시작 설정하기

7 [비디오 옵션] 그룹에서 [볼륨▼]-[음소거]를 차례대로 클릭합니다. '시작'의 목록 단추(▼)를 클릭한 후 [자동 실행]을 선택합니다.

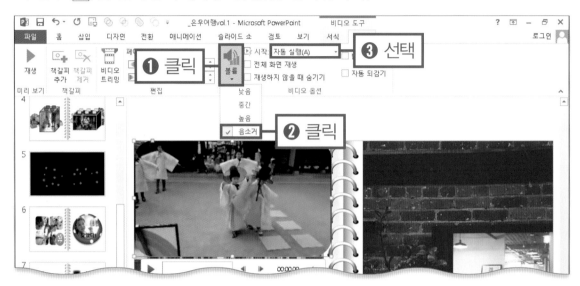

- 비디오의 소리가 배경 음악과 겹쳐 나는 것을 예방하기 위해 음소거합니다.
- '시작'이 '자동 실행'이어야만 슬라이드 쇼에서 해당 동영상이 자동 실행됩니다.

STEP 5 그림으로 장식하기

8 이번에는 [예제파일]-[13강] 폴더에서 [빈티지tv] 그림을 삽입합니다. [빈티지tv]를 드래그하여 아래 그림처럼 이동시킵니다.

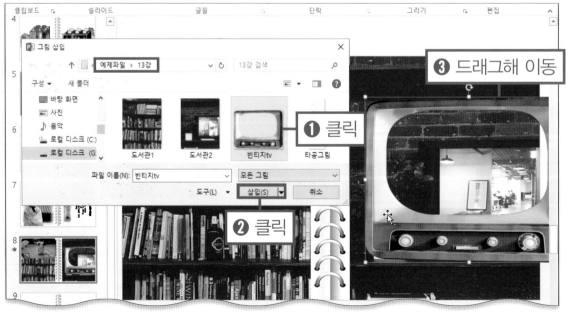

9 [(영상)선비춤]을 드래그하여 '빈티지 tv' 아래로 이동합니다.

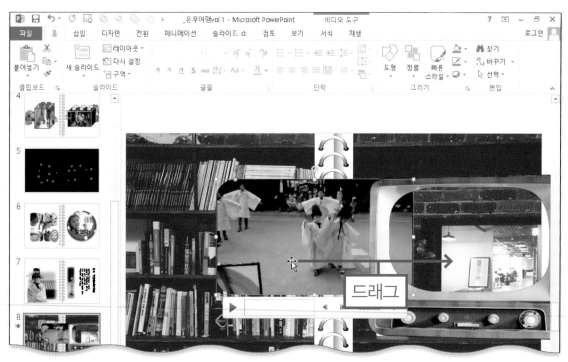

비디오의 [재생 버튼](▶)을 클릭하여 tv에 나오는 영상을 확인합니다.

10 끝으로 [예제파일]-[13강] 폴더에서 [타공그림] 그림을 삽입한 후 드래그하여 아래 그림처럼 위치를 잡습니다.

이후에 넣을 로고의 위치를 고려하여 위치를 잡습니다.

CHAPTER 14

선형 그라데이션과 텍스트 변환

POINT

14강은 선형그라데이션을 배워서 새파란 스페인의 하늘빛을 표현합니다.

또 텍스트 효과 중 변환을 이용하여

항공 우편 도장을 만들어 추억에 감성을 더하여 봅니다.

완성 화면
미리 보기

여기서
배워요! 선형 그라데이션, 텍스트 효과_변환

사진과 도형 넣기

1 '파워포인트 2013'을 실행한 후 [예제파일]-[_은우여행vol.1_14강] 파일을 불러옵니다. [삽입] 탭-[이미지] 그룹에서 [그림]을 클릭한 후 [예제파일]-[14강] 폴더를 차례대로 선택한 다음 [스페인1] 그림을 삽입합니다.

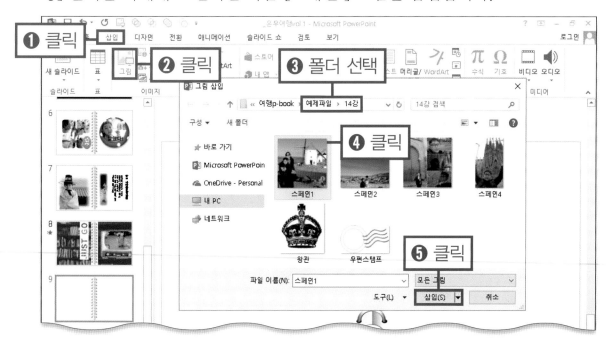

> **조금 더 배우기**
>
> '슬라이드 미리 보기 창'의 '9번 슬라이드' 위에 마우스 오른쪽 버튼을 누른 후 [중복 슬라이드]를 클릭합니다. 다시 '9번 슬라이드'를 클릭하여 위 작업을 진행합니다.

2 이번에는 [삽입] 탭-[일러스트레이션] 그룹에서 [도형▼]을 선택한 후 [직사각형]을 클릭하여 '스페인1' 풍차 지붕까지 대각선으로 드래그해서 도형을 올립니다.

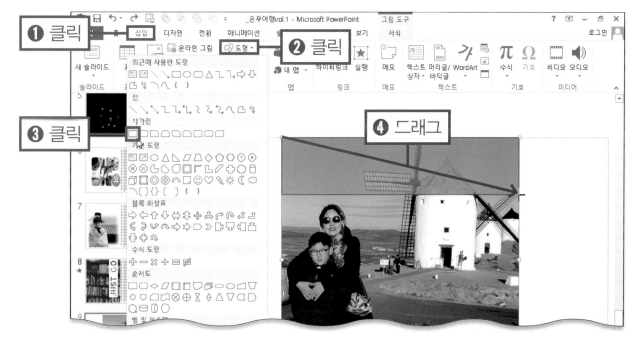

3 [그리기 도구]–[서식] 탭의 [도형 스타일] 그룹에서 [도형 서식](⬛)을 클릭합니다. [채우기 및 선](🖌)–[채우기]–[그라데이션 채우기]를 차례대로 클릭합니다.

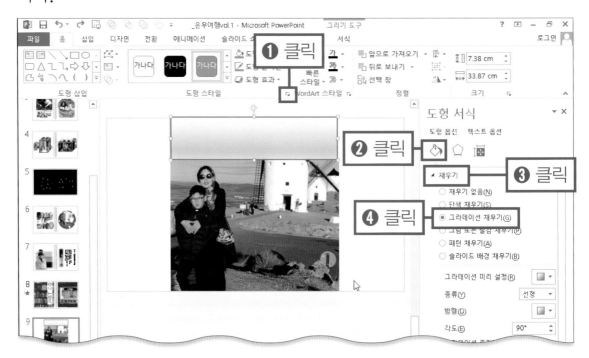

4 '종류'는 [선형], '방향'은 [선형 아래쪽]을 클릭합니다. [중지점 1/2]을 클릭한 후 [색](🖌▼)은 [진한 파랑]을 선택하고 [위치]는 '0', [투명도]는 '30'을 입력합니다.

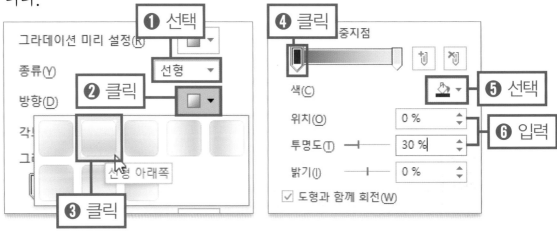

조금 더 배우기

그라데이션 중지점

중지점을 삭제하려면 삭제하려는 중지점을 클릭한 후 [그라데이션 중지점 제거](⬛)를 클릭합니다.

5 이번에는 [중지점 2/2]를 클릭하여 [색]( )은 [진한 파랑]을 선택하고 [위치]와 [투명도] 모두 '100%'를 입력합니다. 도형의 윤곽선을 없애기 위해서 작업 창의 스크롤 바를 아래로 드래그한 후 [선]-[선 없음]을 클릭합니다.

STEP 3 사진과 도형의 그룹화

6 Ctrl과 A를 함께 눌러 모두 선택합니다. [그리기 도구]-[서식] 탭의 [정렬] 그룹에서 [개체 그룹화]( )-[그룹]을 차례대로 클릭합니다.

7 모서리 조절점에 마우스 포인터를 갖다 대면 (📐)로 변경됩니다. 이때 [Shift]를 누른 상태로 안쪽으로 드래그해 크기를 줄입니다. 다시 이미지 위에 마우스 포인터를 올려놓은 후 드래그하여 아래와 같이 이동합니다.

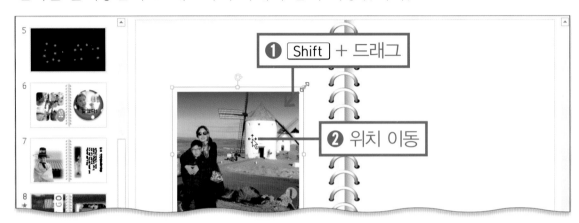

 조금 더 배우기 모서리 조절점에서 마우스 포인터가 (📐)일 때 [Shift]를 누른 상태로 드래그하면 가로와 세로의 비율이 유지된 크기 조절을 할 수 있습니다.

STEP 4 텍스트 변환으로 항공 우편 도장 만들기

8 이번에는 [예제파일]-[14강] 폴더에서 [스페인2] 그림을 삽입한 후 크기와 위치를 아래 그림처럼 조정합니다. 이후 [그림 스타일] 그룹에서 [그림 효과▼]-[부드러운 가장자리]를 클릭한 후 [25 포인트]를 선택합니다.

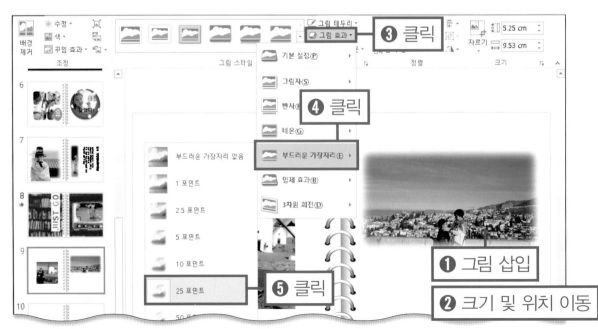

9 [삽입] 탭-[텍스트] 그룹에서 [텍스트 상자▼]-[가로 텍스트 상자]를 클릭합니다. 이후 슬라이드 위쪽 여백을 클릭한 다음 문구를 입력합니다.

 '★'은 'ㅁ(미음)'을 입력한 후 키보드의 한자 를 누르면 '심볼 입력' 창에 나타납니다.

10 [그리기 도구]-[서식] 탭의 [WordArt 스타일] 그룹에서 [텍스트 효과] (가▼)-[변환]을 클릭한 후 [둥글게]를 클릭합니다.

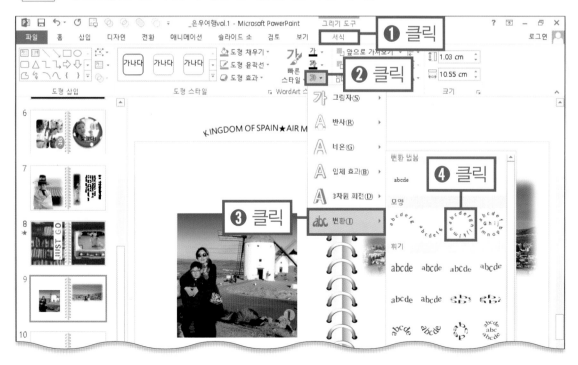

11 이번에는 [크기] 그룹에서 [높이], [너비] 모두 '3'을 입력한 후 Enter↵ 를 누릅니다.

12 [예제파일]-[14강] 폴더에서 [우편스탬프] 그림을 삽입합니다. [크기] 그룹에서 [높이]만 '5.25'를 입력하고 Enter↵ 를 누릅니다. 이후 드래그하여 아래 그림처럼 이동시킵니다.

❷ 입력 후 Enter↵

❶ 그림 삽입

❸ 드래그해 위치 이동

조금 더 배우기
도형과 달리 그림은 기본적으로 '가로세로 비율이 고정'되어 있어서 높이와 너비 중 하나만 고쳐도 다른 것이 함께 고쳐집니다.

13 이번에는 [예제파일]–[14강] 폴더에서 [왕관] 그림을 삽입한 후 드래그하여 아래 그림처럼 배치합니다.

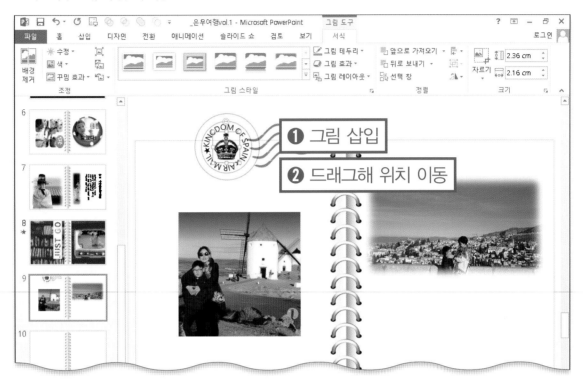

14 만든 '항공 우편 도장'을 여백에서 대각선으로 드래그하여 모두 선택합니다. [그림 도구]–[서식] 탭의 [정렬] 그룹에서 [개체 그룹화]( )–[그룹]을 차례 대로 클릭합니다. 이후 드래그하여 '스페인2' 그림 위로 이동합니다.

15 [삽입] 탭을 클릭한 후 [텍스트] 그룹에서 [텍스트 상자](가를)를 클릭한 다음 아래
와 같이 글을 입력합니다.

POST CARD

스페인의 새파란 하늘빛과
너의 초롱한 눈빛이
오래도록 마음에 남는다. **adiós**

조금 더 배우기

'adiós'는 인터넷 사전에서 '아디오스'를 검색한 후 복사해서 이용합니다. 참고로 마우스 포인터가
(I)일 때 드래그합니다.

NAVER 아디오스

통합검색   이미지   어학사전 □   쇼핑 □   동영상   뮤직 □   지식iN   포스트 □   더보기 ▾   검

정렬 ▾   기간 ▾   영역 ▾   옵션유지 꺼짐 켜짐   상세검색 ▾

연관검색어 ? adios 아디오스 뜻 아듀 아디오스 칵테일 아디오스 마더퍼커   신고 ✕

어학사전
스페인어 사전
adiós 🔊 ★
1. 안녕!, 안녕   런!, 저런!, 맙소사! [남성명
사] 작별, 이별

❶ 드래그

❷ 🖱 클릭 후 [복사] 클릭

혼자서도 만들 수 있어요!

1 '10번 슬라이드'에 [예제파일]–[14강] 폴더에서 [스페인3], [스페인4] 그림을 삽입하고 텍스트 상자를 이용하여 여행지를 입력합니다.

(왼쪽부터)메스키타 사원, 세비야 광장, 똘레도1,2

사그라다 파밀리아 (가우디 성당)

2 아래 그림처럼 빨간색 별로 된 동그라미를 넣어 보세요.

(왼쪽부터)메스키타 사원, 세비야 광장, 똘레도1,2

사그라다 파밀리아 (가우디 성당)

HINT
- 텍스트 상자에 ★을 11개 삽입
- Esc 를 누른 후 [글꼴 색 : 빨강], [글꼴 크기 : 32] / [텍스트 효과]–[변환]–[둥글게] / [높이 : 4], [너비 : 4] 입력

응용편

POINT

15강에서는 앞서 배운 내용들을 응용하여 **Pbook**의 형식을 꾸며 보도록 하겠습니다. '공연 팸플릿의 배우 프로필 사진'처럼 둥글게 사진을 만드는 방법, 배경은 잘라 내고 실루엣을 살리는 방법, 작가가 사인하듯 '친필 사인'을 남기는 방법 등을 간략하게 소개합니다.

완성 화면 미리 보기

여기서 배워요! 슬라이드 복사해서 오기, 도형에 맞춰 자르기, 배경 제거, 투명색 설정

1 '파워포인트 2013'을 실행한 후 [예제파일]-[15강] 폴더에서 [_응용편 슬라이드] 파일을 불러옵니다. [1번 슬라이드]를 클릭한 후 Ctrl과 A를 함께 눌러 개체를 모두 선택한 다음 마우스 오른쪽 버튼-[복사]를 차례대로 클릭합니다.

2 이번에는 [예제파일]-[15강] 폴더에서 [_은우여행vol.1_15강] 파일을 불러옵니다. 이후 '10번 슬라이드'와 '11번 슬라이드' 사이에 마우스 오른쪽 버튼을 누른 후 '붙여넣기 옵션'에서 [원본 서식 유지]를 클릭합니다.

3 [12번 슬라이드]를 클릭한 후 [예제파일]-[15강] 폴더에 있는 [제주도1] 그림을 삽입합니다. [크기] 그룹에서 [자르기](⬚)를 클릭한 후 마우스 포인터를 조절점에 갖다 대면 (┠)로 변경됩니다. 이때 아래 그림처럼 드래그합니다. 이후 [자르기](⬚)를 클릭하여 자릅니다.

 조금 더 배우기 11번 슬라이드(부산·울산 여행 슬라이드)는 개체들을 간격 없이 붙입니다. 미세한 위치 조정이 필요하면 Alt + 드래그 또는 Ctrl + 방향키를 이용합니다. 완성되면 모두 선택하여 그룹화합니다.

4 다시 [자르기▼]를 클릭한 후 목록에서 [도형에 맞춰 자르기]-[타원]을 차례대로 클릭합니다.

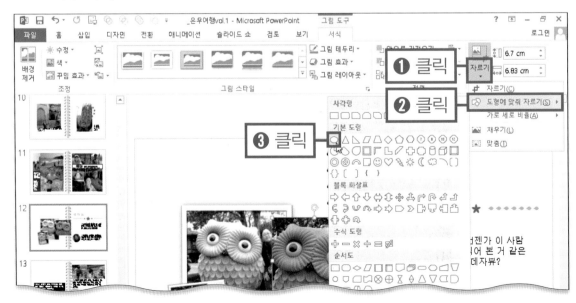

5 [그림 효과▼]를 클릭한 후 [기본 설정]−[기본 설정 1]을 클릭합니다. 이후 조절점을 사용하여 아래와 같이 크기를 조절하고 위치를 이동시킵니다.

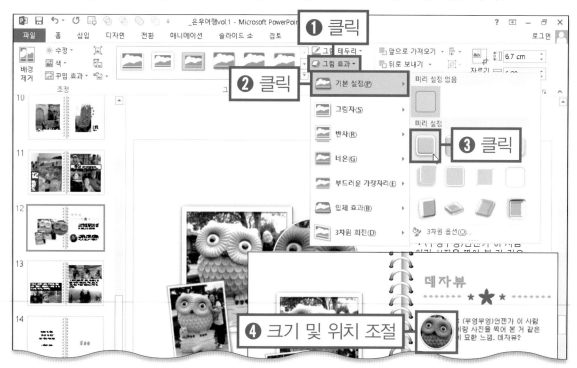

STEP 3 배경의 반을 없애고 인물의 실루엣을 살리기

6 [13번 슬라이드]를 클릭한 후 [예제파일]−[15강] 폴더에 있는 [제주도2] 그림을 삽입합니다. 이후 [그림 도구]−[서식] 탭의 [조정] 그룹에서 [배경 제거]를 클릭합니다.

7 ····· 상단 조절점을 사각틀 끝까지 드래그하여 영역을 정합니다.

8 ····· [보관할 영역 표시]()와 [제거할 영역 표시]()를 선택하여 아래 그림처럼
각 부위를 드래그한 후 [변경 내용 유지]()를 클릭합니다.

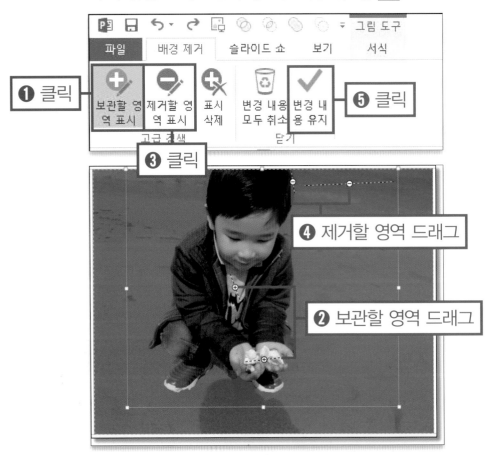

9 배경 제거가 확인되면, 다시 [예제파일]-[15강] 폴더에 있는 [제주도2] 그림을 삽입합니다. 똑같은 자리에 같은 파일이 겹쳐져 하나처럼 보입니다.

10 새 사진을 자르기 위해 [자르기](📷)를 클릭하고 상단 조절점을 아래 그림과 같이 맞춰서 드래그합니다. 이후 다시 [자르기](📷)를 클릭합니다.

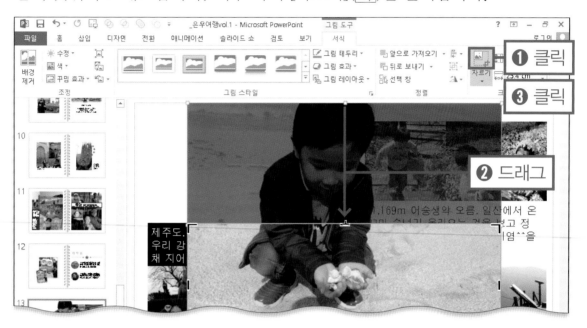

11 잘린 그림이 선택되어 있으니 Shift 를 누른 채 아이 머리를 클릭하여 두 파일을 함께 선택합니다. 그리고 Ctrl과 G를 눌러 그룹화합니다. 조절점을 드래그하여 크기 조절 및 위치 이동합니다. 끝으로 [뒤로 보내기]를 클릭합니다.

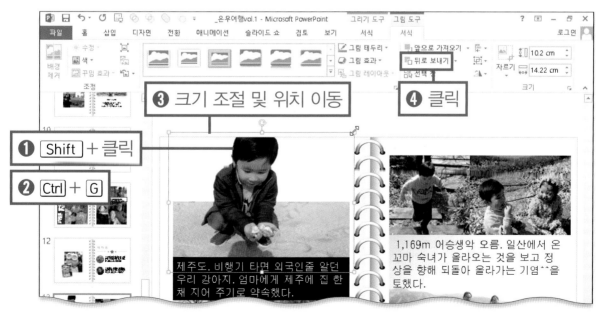

조금 더
배우기
Shift + 클릭을 하면 개체를 추가로 선택할 수 있습니다.

12 '14번 슬라이드'에 [예제파일]–[15강] 폴더에 있는 [친필사인] 그림을 삽입합니다. [그림 도구]–[서식] 탭의 [조정] 그룹에서 [색▼]–[흑백 75%]를 클릭합니다. 다시 한 번 [색▼]–[투명한 색 설정]을 차례대로 클릭한 다음 '친필사인'의 흰 부분을 클릭합니다.

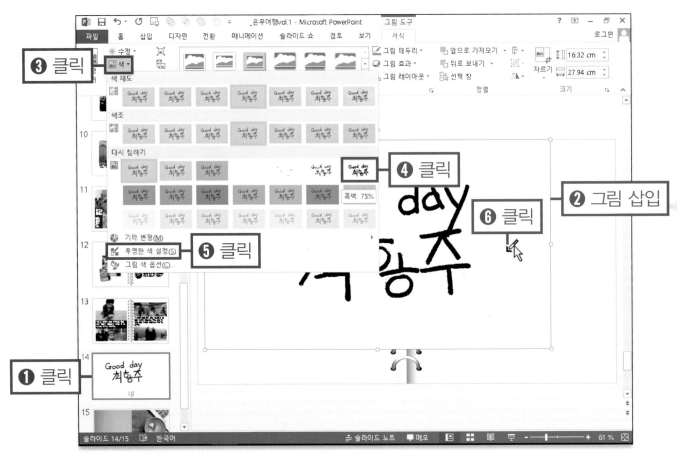

13 각 조절점을 드래그하여 크기 및 위치, 회전을 조절합니다.

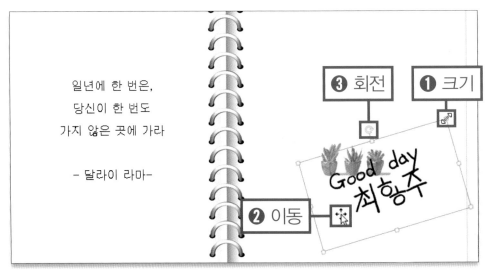

카운트다운 영상과 음악 넣기

16강에서는 **Pbook**의 시작을 알리고 주의를 집중시키는
'카운트다운' 영상을 넣고 비디오를 둥글게 모양 내는 법을 배웁니다.
또 음악을 넣어서 분위기를 살리는 방법도 배웁니다.

완성 화면
미리 보기

여기서
배워요!   비디오 자르기, 비디오 셰이프, 오디오 삽입, 오디오 도구 재생

카운트다운 비디오 넣기

1 ······ '파워포인트 2013'을 실행한 후 [예제파일]-[_은우여행vol.1_16강] 파일을 불러옵니다. '1번 슬라이드'가 선택된 상태로 [삽입] 탭-[미디어] 그룹에서 [비디오▼]-[내 PC의 비디오]를 클릭합니다. '비디오 삽입' 창에서 [예제파일]-[16강] 폴더로 이동한 후 [카운트다운]을 삽입합니다.

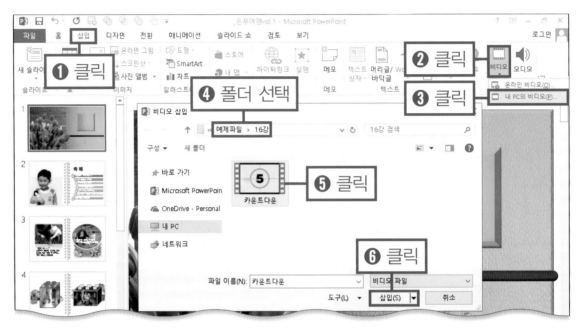

STEP 2 **비디오의 형태 다듬기**

2 ······ [비디오 도구]-[서식] 탭의 [크기] 그룹에서 [자르기]를 클릭한 후 조절점에 마우스 포인터를 갖다 댑니다. 마우스 포인터가 (├)로 변경되면 원형에 가까이 드래그한 후 [자르기]를 다시 클릭합니다.

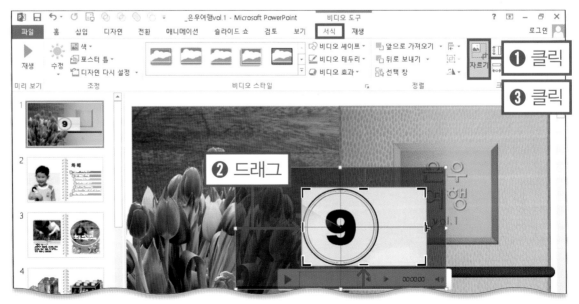

3 원형으로 비디오의 형태를 바꾸기 위해 이번에는 [비디오 스타일] 그룹에서 [비디오 셰이프▼]-[타원]을 차례대로 클릭합니다.

STEP 3 비디오의 시작 설정하기

4 슬라이드 쇼가 실행되면 자동 재생이 되도록 [비디오 도구] 탭의 [재생] 탭을 클릭합니다. 이후 [비디오 옵션] 그룹에서 '시작'의 목록 단추(▼)를 클릭한 후 [자동 실행]을 클릭합니다.

5 ˙˙˙˙˙ [2번 슬라이드]를 선택합니다. [삽입] 탭-[미디어] 그룹에서 [오디오▼]-[내 PC의 오디오]를 클릭한 다음 [예제파일]-[16강] 폴더에 있는 [bensound-littleidea]를 삽입합니다.

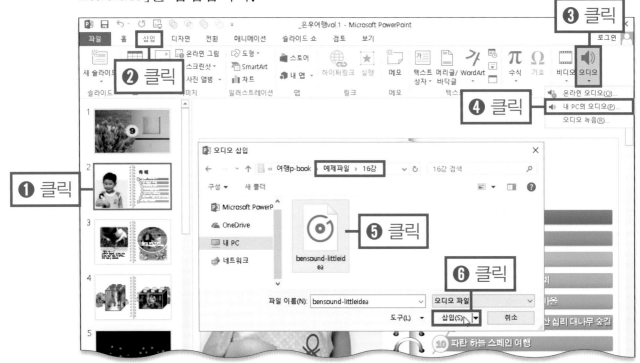

6 ˙˙˙˙˙ [편집] 그룹에서 [페이드 인]에 '2', [페이드 아웃]에 '30'을 입력합니다. 이후 [오디오 옵션] 탭에서 [볼륨▼]-[중간]을 차례대로 클릭한 후 [오디오 스타일] 그룹에서 [백그라운드에서 재생]을 클릭합니다.

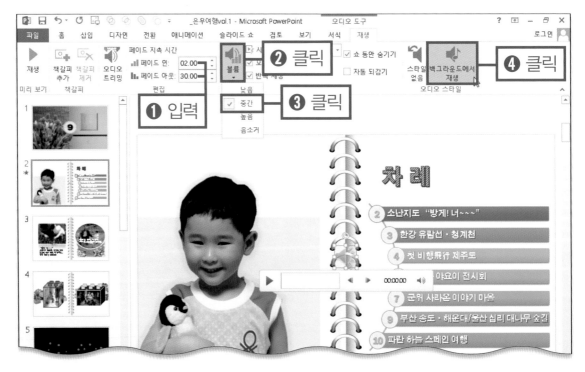

픽사베이 : 저작권에 상관없이 사용해도 되는 이미지와 동영상 사이트

① '픽사베이(pixabay.com)' 사이트의 검색 란에 '카운트'를 입력한 후 [이미지]–[비디오]를 클릭합니다.

② 검색 목록에서 원하는 영상을 클릭합니다. 상단이 스폰서 비디오, 하단이 무료 동영상으로 구분됩니다. 무료 동영상에서 선택하도록 합니다.

③ [무료 다운로드]–[1280*720]–[다운로드]를 차례대로 클릭합니다. 하단에 나타난 메뉴에서 [저장]
　의 목록 버튼(▼)을 클릭한 후 [다른 이름으로 저장]을 클릭하여 저장합니다.

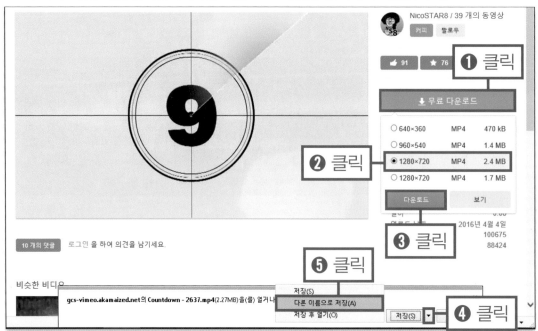

벤사운드 : 저작권에 상관없이 사용해도 되는 음악 사이트

① '벤사운드(www.bensound.com)' 사이트 상단 카테고리 중에서 [CORPORATE/POP]을 클릭합니
　다. 이후 'Little Idea'의 (▶)을 클릭하여 음악을 들어 봅니다.

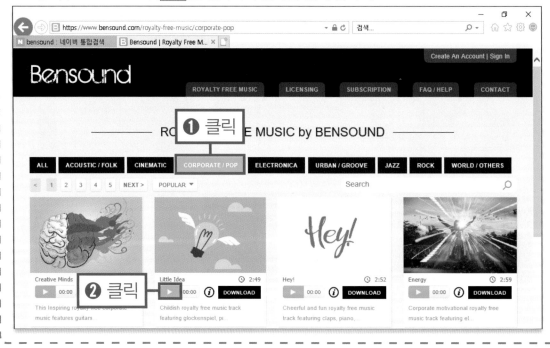

조금 더 배우기

② 맘에 드는 노래의 [DOWNLOAD]를 클릭한 후 팝업 창이 나타나면 다시 한 번 [DOWNLOAD]를 클릭합니다. 하단에 나타난 메뉴에서 [저장]의 목록 버튼(▼)을 클릭한 후 [다른 이름으로 저장]을 클릭하여 저장합니다.

CHAPTER 17
애니메이션 넣기

POINT

파워포인트는 애니메이션을 이용하여 개체를 움직일 수 있어 이야기를 좀 더 역동적이고 재미있게 전달할 수 있습니다. 17강에서는 개체에 알맞은 애니메이션을 넣으며 **Pbook**에 재미를 더해 보도록 하겠습니다.

완성 화면
미리 보기

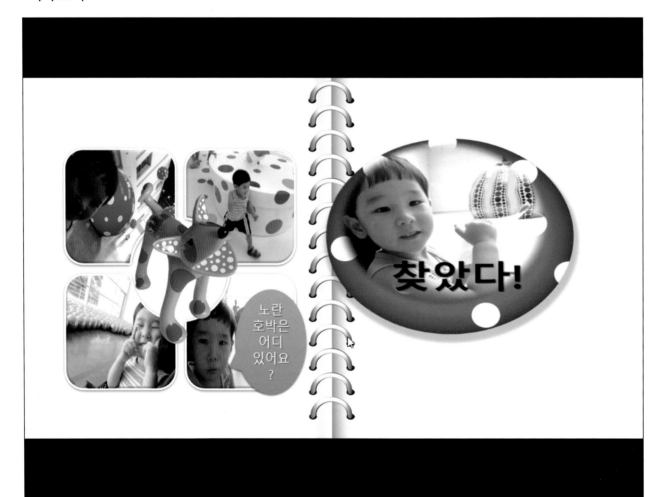

여기서
배워요! 흔들기, 바운드, 펄스 등 애니메이션, 슬라이드 쇼

'방게'가 대롱대롱 매달린 모습 만들기

1 '파워포인트 2013'을 실행한 후 [예제파일]−[_은우여행vol.1_17강] 파일을 불러옵니다. [3번 슬라이드]를 선택한 후 [게1] 그림을 클릭합니다. [애니메이션] 탭을 클릭한 다음 [애니메이션] 그룹에서 [자세히](▾) 버튼−[강조]의 [흔들기]를 차례대로 클릭합니다.

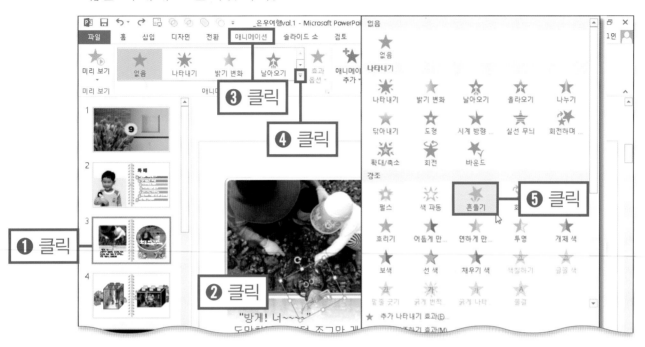

2 '자동으로 시작하고 계속 흔들리도록' 하기 위해 [애니메이션] 그룹에서 [추가 효과 옵션 표시](▫)를 클릭합니다. '흔들기' 창에서 [타이밍] 탭을 클릭한 후 [시작]의 목록 단추(▾)를 클릭하여 [이전 효과 다음에]를 선택한 다음 [반복]의 목록 단추(▾)를 클릭하여 [슬라이드가 끝날 때까지]를 선택합니다.

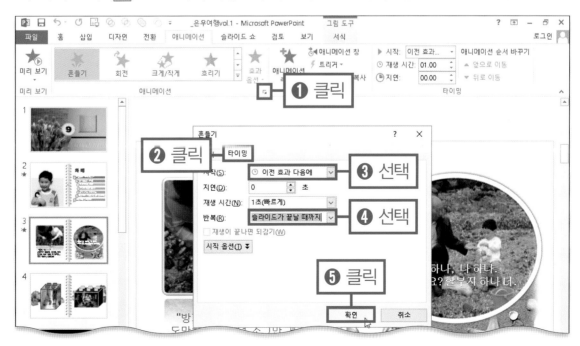

3 흔들림을 확인하기 위해서 [슬라이드 쇼] 탭을 클릭한 후 [슬라이드 쇼 시작] 그룹에서 [현재 슬라이드부터]를 클릭합니다. 슬라이드 쇼가 실행되면 '게1'의 움직임을 확인합니다.

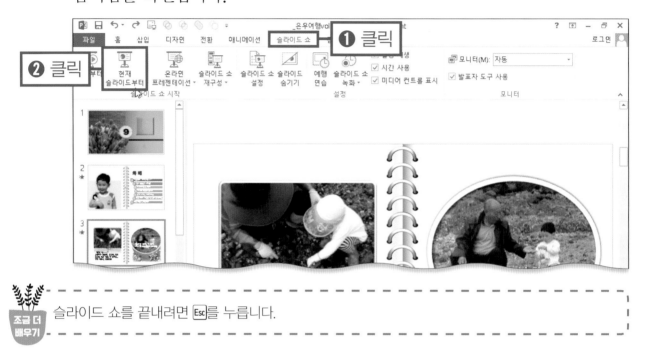

조금 더 배우기

슬라이드 쇼를 끝내려면 Esc를 누릅니다.

STEP 2 **'반짝반짝' 작은 별들 만들기**

4 '5번 슬라이드'의 [별] 개체 하나를 클릭한 후 Ctrl과 A를 함께 눌러 모두 선택합니다. [애니메이션] 탭을 클릭한 다음 [애니메이션] 그룹에서 [자세히](▼) 버튼을 클릭합니다. 목록에서 [강조]의 [펄스]를 클릭합니다.

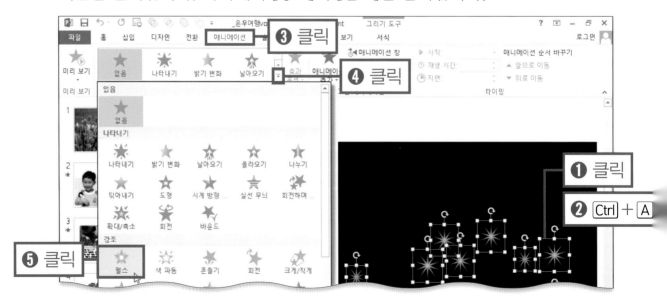

5 ······ '자동으로 시작하고 계속 반짝이도록' 하기 위해 [애니메이션] 그룹에서 [추가 효과 옵션 표시](⬛)를 클릭한 후 '펄스' 창에서 [타이밍] 탭을 클릭합니다. [시작]의 목록 단추(✔)를 클릭하여 [이전 효과 다음에], [반복]의 목록 단추(✔)를 클릭하여 [슬라이드가 끝날 때까지]를 각각 선택하고 [확인]을 클릭합니다.

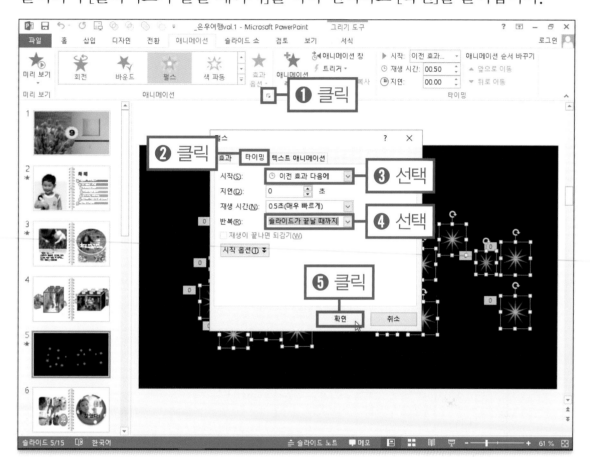

6 ······ '5번 슬라이드'의 별들을 '4번 슬라이드'로 복사하기 위해 Ctrl과 C를 함께 누릅니다.

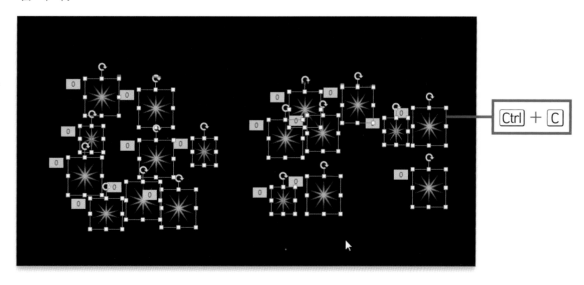

7 ⋯⋯ '슬라이드 미리 보기 창'에서 [4번 슬라이드]를 클릭한 후 Ctrl과 V를 함께 눌러 '붙여 넣기'를 합니다.

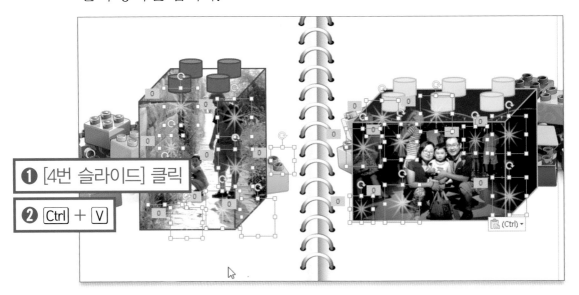

8 ⋯⋯ 반짝임을 확인하기 위해 [슬라이드 쇼] 탭을 클릭한 후 [슬라이드 쇼 시작] 그 룹에서 [현재 슬라이드부터]를 클릭합니다. 확인 후 Esc를 눌러 슬라이드 쇼를 마칩니다.

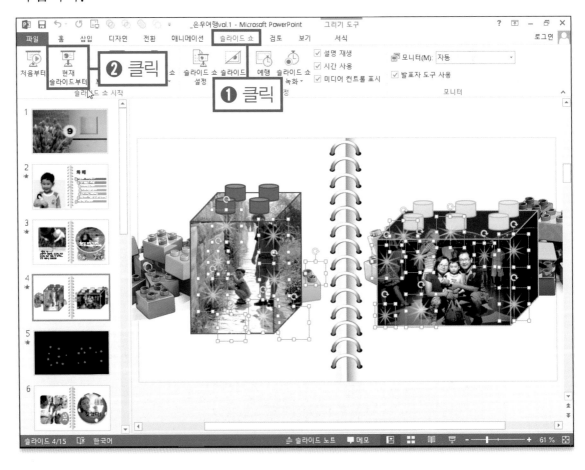

'깜짝 등장' 하기

9 '6번 슬라이드'에 있는 [쿠사마 야요이2] 그림을 클릭한 후 [애니메이션] 탭-[애니메이션] 그룹에서 [나타내기]의 [바운드]를 클릭합니다. [타이밍] 그룹에서 [시작]의 목록 단추(▼)를 클릭하여 [이전 효과 다음에]를 선택, [재생 시간]에는 '2'를 입력, [지연]에는 '4'를 입력합니다.

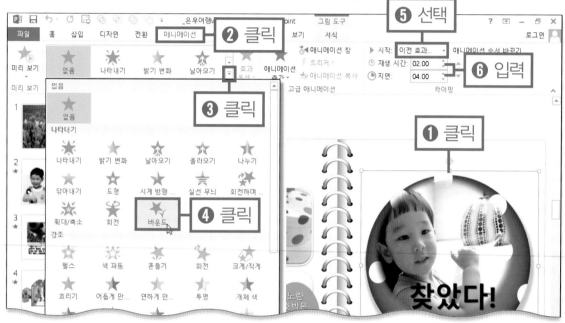

10 [미리 보기] 그룹에서 [미리 보기](★)를 눌러 '4초 후에 바운드하며 나타나는 지'를 확인합니다.

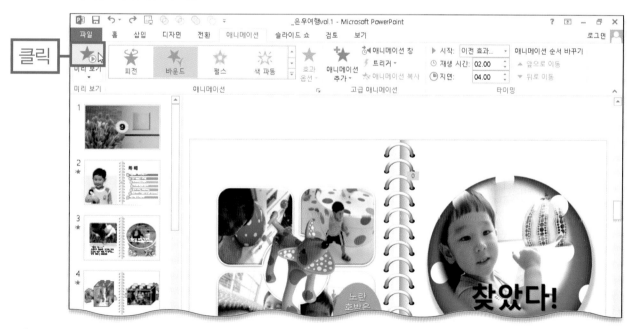

조금 더 배우기 ┆ 1회 바운드되어 나타나는 것만 확인하면 되므로 [미리 보기]로 확인합니다.

1 아래 그림처럼 '10번 슬라이드'의 '별'에 애니메이션을 넣어 봅시다.

(왼쪽부터)메스키타 사원, 세비야 광장, 똘레도1,2

사그라다 파밀리아 (가우디 성당)

HINT
- [애니메이션] 탭–[애니메이션] 그룹–[강조]의 [회전]
- [추가 효과 옵션 표시](⌐)를 클릭하여 [타이밍] 탭–[시작]은 [이전 효과 다음에] 선택, [지연]은 '2', [재생]은 '5', [반복]은 '5' 입력

2 아래 그림처럼 '14번 슬라이드'의 '친필사인'에 애니메이션을 넣어 봅시다.

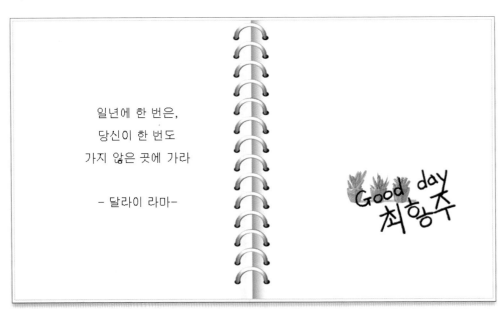

일년에 한 번은,
당신이 한 번도
가지 않은 곳에 가라

- 달라이 라마-

Good day
최항주

HINT
- [애니메이션] 탭–[애니메이션] 그룹–[나타내기]의 [실선 무늬]
- [타이밍] 그룹–[시작]은 [이전 효과 다음에] 선택, [재생] '4', [지연] '2' 입력

제목 및 로고와 페이지 번호 넣기

POINT

TV를 보면 방송 영상마다 '프로그램 제목'과 '방송사 로고'가 위쪽에 있습니다.
Pbook에도 '제목'과 '로고'를 넣어서 비주얼을 살려보도록 하겠습니다.
그리고 파워포인트 슬라이드 번호를 이용하여 페이지를 나타내도록 하겠습니다.

완성 화면
미리 보기

여기서
배워요! WordArt 스타일, 슬라이드 번호 삽입, 슬라이드 시작 번호 바꾸기

1 ······ '파워포인트 2013'을 실행한 후 [예제파일]-[_은우여행vol.1_18강] 파일을 불러옵니다. [보기] 탭을 클릭한 후 [프레젠테이션 보기] 그룹에서 [여러 슬라이드]를 클릭합니다. [확대/축소] 그룹에서 [확대/축소](🔍)-[50%]를 차례대로 클릭해 설정합니다.

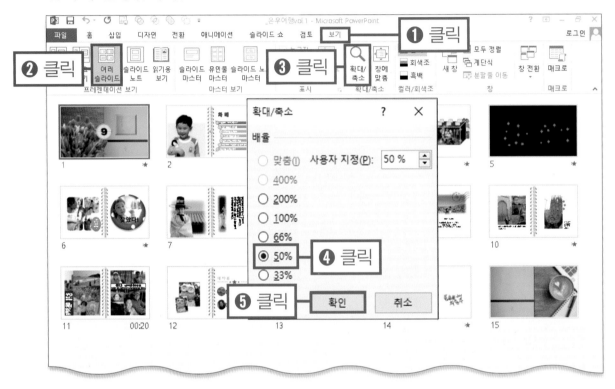

2 ······ 슬라이드를 드래그하여 순서를 아래 그림처럼 배치합니다. 이후 [5번 슬라이드]를 클릭한 다음 Delete 를 눌러 삭제합니다.

조금 더 배우기 ┊ 슬라이드 순서 편집이 끝났으면 [프레젠테이션 보기] 그룹에서 [기본]을 클릭합니다.

3 [2번 슬라이드]를 선택한 후 [삽입] 탭의 [텍스트] 그룹에서 [텍스트 상자](가)를 클릭합니다. 이후 슬라이드 왼쪽 상단을 클릭한 다음 '은우 여행vol.1'을 입력합니다.

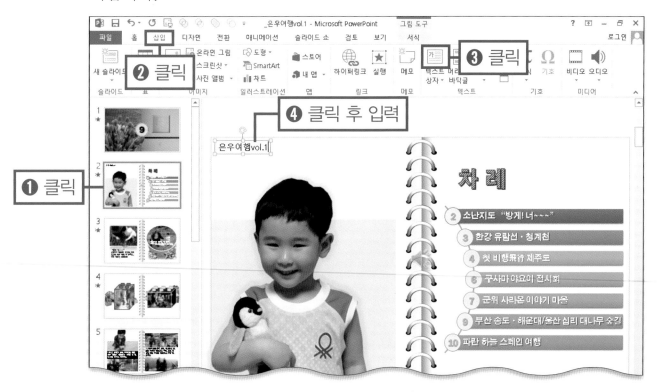

4 Esc를 누른 후 [글꼴 : 휴먼둥근헤드라인]를, [글꼴 크기 : 28]을 클릭하여 선택합니다.

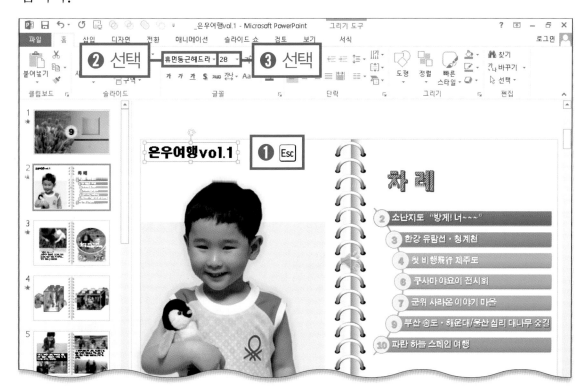

5 이후 [그리기 도구]-[서식] 탭을 클릭한 다음 [텍스트] 그룹에서 [WordArt 빠른 스타일▼]-[채우기-흰색, 윤곽선-강조 1, 그림자]를 차례대로 클릭합니다.

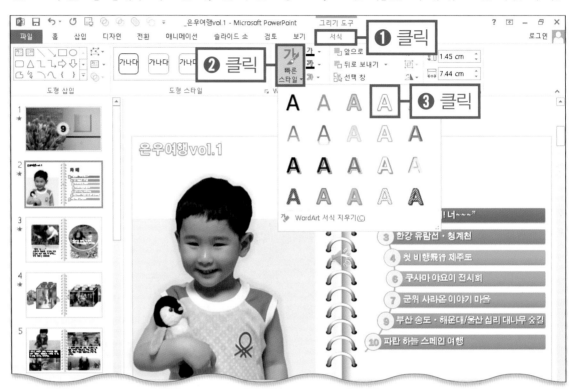

6 [삽입] 탭의 [이미지] 그룹에서 [그림]을 클릭합니다. 이후 [예제파일]-[18강] 폴더를 차례대로 선택한 다음 [로고1] 그림을 삽입합니다.

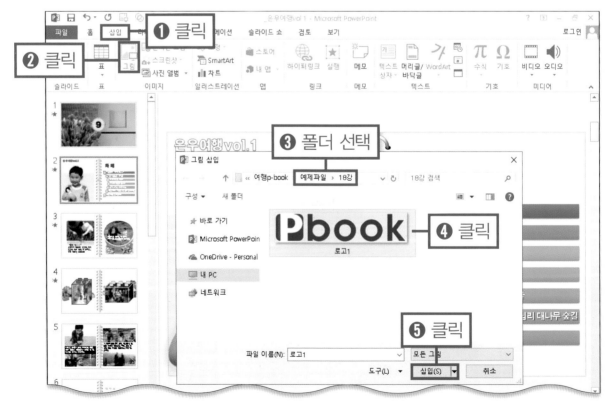

7 ······ '로고1' 그림이 삽입되면 조절점을 드래그해 크기를 줄인 후 오른쪽 상단으로 드래그하여 이동합니다.

8 ······ '제목'과 '로고'를 함께 선택하기 위해 아래 그림처럼 여백에서 드래그합니다. 이후 Ctrl과 G를 함께 눌러 '그룹화'합니다.

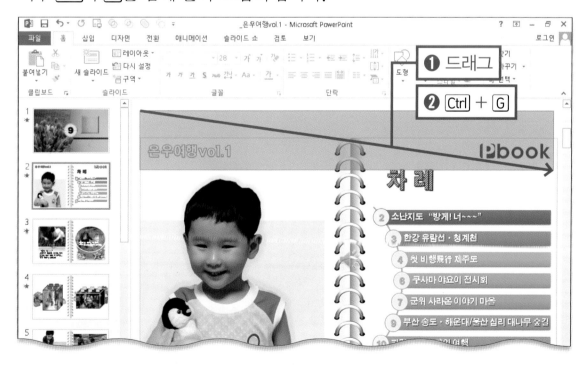

 개체를 클릭한 후 Shift 를 누른 채 다음 개체를 클릭하는 방법도 있습니다.

9 그룹화된 '제목'과 '로고'를 Ctrl과 C를 함께 눌러 복사합니다.

10 [3번 슬라이드]를 클릭한 후 Ctrl과 V를 함께 눌러 '붙여 넣기'를 합니다. '4번 슬라이드'부터 '13번 슬라이드'까지 '붙여 넣기'를 반복합니다.

11 [2번 슬라이드]를 선택한 후 [삽입] 탭의 [텍스트] 그룹에서 [슬라이드 번호 삽입](▦)을 클릭합니다. [슬라이드 번호], [제목 슬라이드에는 표시 안 함]을 클릭하여 선택한 후 [모두 적용]을 클릭합니다.

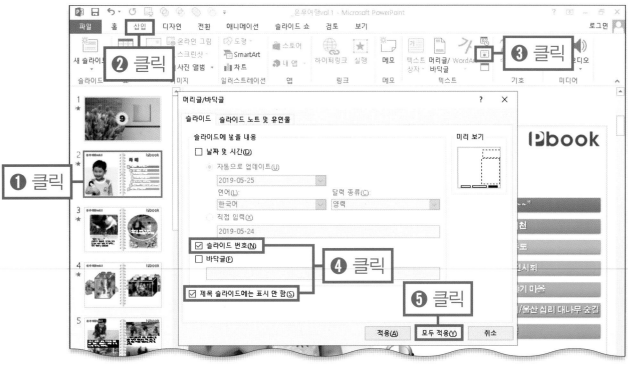

조금 더 배우기 '제목 슬라이드'로 만든 '앞뒤 표지 슬라이드'는 슬라이드 번호가 표시되지 않습니다.

12 슬라이드 번호를 '1'로 바꾸기 위해 [디자인] 탭-[사용자 지정] 그룹에서 [슬라이드 크기]-[사용자 지정 슬라이드 크기]를 차례대로 클릭합니다. [슬라이드 시작 번호]를 '0'으로 설정하고 [확인] 버튼을 클릭합니다.

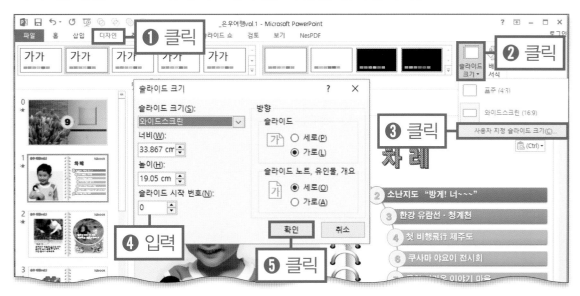

13 ***** '2번 슬라이드'의 페이지 번호가 '1'이 되었고 표지를 제외한 모든 슬라이드에 페이지 번호가 입력된 것을 확인할 수 있습니다.

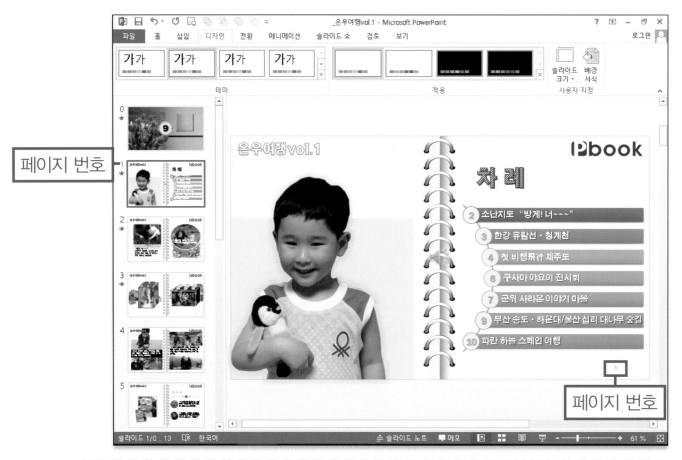

 '슬라이드 미리 보기 창'의 제목 슬라이드는 0페이지로 표기되지만, 실제 슬라이드에는 나타나지 않습니다.

CHAPTER 19

전환 효과 주기

POINT

Pbook이라는 아이디어의 시작은 바로 '페이지 말아 넘기기' 전환 효과입니다. 따라서 여기서는 책장이 넘어가는 듯한 '페이지 말아 넘기기' 전환 효과를 주어 책의 느낌을 살려봅니다. 또 동영상으로 만들기 위한 자동 전환 방법뿐만 아니라 수동 전환 방법을 별도로 정리하여 'PowerPoint 프레젠테이션(.pptx)' 파일을 독자가 자기 속도에 맞게 페이지를 넘기면서 내용을 읽을 수 있는 방법을 소개합니다.

완성 화면
미리 보기

여기서
배워요! 페이지 말아 넘기기 전환 효과, 소용돌이 전환 효과, 자동 전환/수동 전환, 슬라이드 쇼 작동법

자동 전환 효과 주기

1 ''''' '파워포인트 2013'을 실행한 후 [예제파일]-[_은우여행vol.1_19강] 파일을 불러옵니다. [보기] 탭-[프레젠테이션 보기] 그룹에서 [여러 슬라이드]를 클릭합니다. 이후 [확대/축소] 그룹에서 [확대/축소](🔍)-[50%]를 차례대로 클릭한 후 [확인]을 클릭합니다.

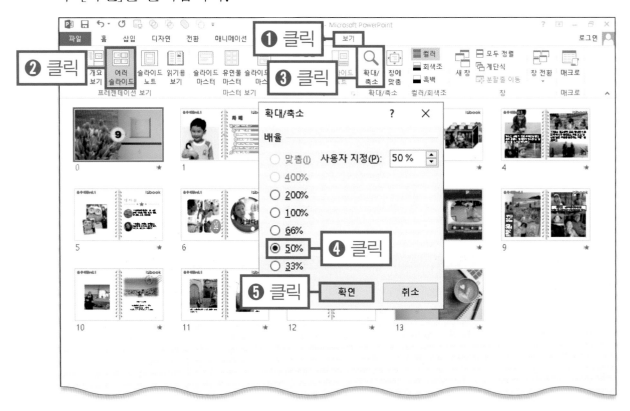

2 ''''' [두 번째 슬라이드]를 클릭한 후 Shift 를 누른 채 [마지막 슬라이드]를 클릭하여 모두 선택합니다.

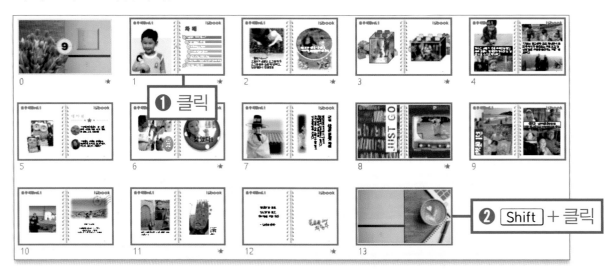

3 [전환] 탭을 클릭한 후 [슬라이드 화면 전환] 그룹에서 [자세히]( ) 버튼을 클릭한 다음 [화려한 효과]의 [페이지 말아 넘기기]를 클릭합니다.

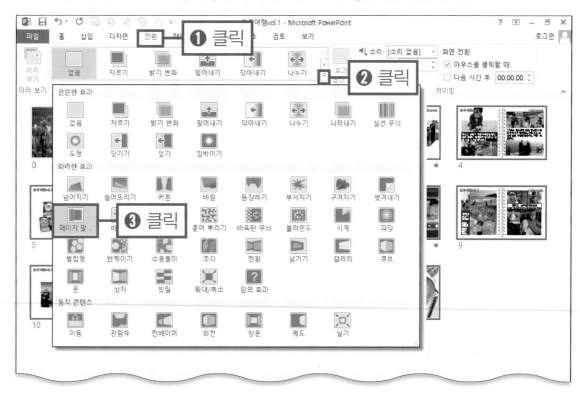

4 이번에는 [타이밍] 그룹에서 [다음 시간 후]를 클릭해 체크 표시한 후 '20'을 입력한 다음 Enter↵를 누릅니다.

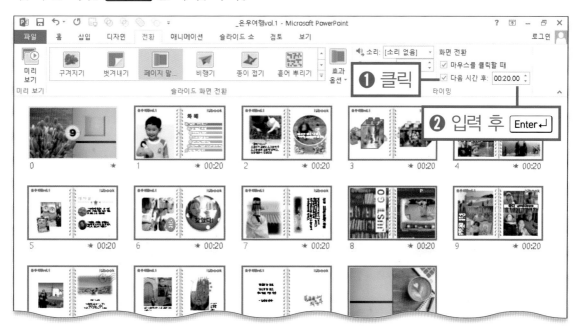

 간단히 '20'을 입력하면 '00:20.00'(20초)로 설정됩니다.

5 [첫 번째 슬라이드]를 클릭합니다. [슬라이드 화면 전환] 그룹에서 [자세히]
(⤓) 버튼을 클릭한 후 [화려한 효과]의 [소용돌이]를 클릭합니다. 이번에는
[타이밍] 그룹에서 [다음 시간 후]를 클릭해 체크 표시한 후 '9'를 입력한 다음
Enter↵를 누릅니다.

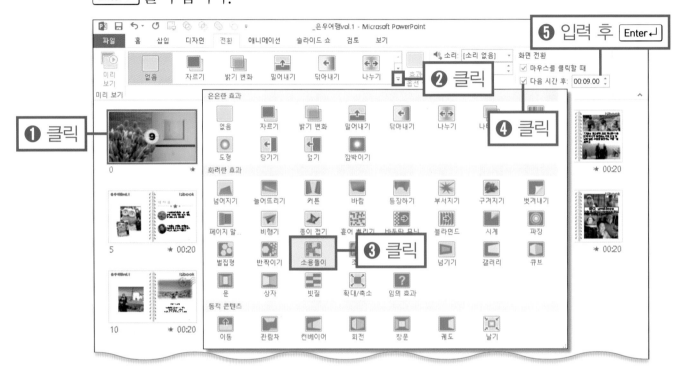

6 [마지막 슬라이드]를 클릭하고 [다음 시간 후]를 클릭해 체크 표시한 다음 '15'
를 입력하고 Enter↵를 누릅니다.

7 [슬라이드 쇼] 탭을 클릭한 후 [슬라이드 쇼 시작] 그룹에서 [처음부터]를 클릭합니다.

8 슬라이드 쇼가 시작되면 슬라이드가 자동으로 전환되는지 지켜봅니다. 슬라이드 쇼가 끝나면 Esc를 누릅니다. [파일] 탭-[저장]을 클릭하여 저장합니다.

조금 더 배우기 '자동 전환'과 '수동 전환'을 함께 설정해 두었으므로 '다음 슬라이드로 이동'은 키보드의 Enter↵나 →, ↓를 누르고 '이전 슬라이드로 이동'은 Back Space나 ←, ↑를 눌러서 직접 넘길 수도 있습니다.

독자가 직접 읽는 속도에 맞추어 수동으로 책장을 넘기게 하려면?

① 작가는 Ctrl과 A를 함께 눌러서 슬라이드를 모두 선택한 후 [타이밍] 그룹에서 [마우스를 클릭할 때]를 클릭해 설정합니다. 이후 [파일] 탭–[다른 이름으로 저장]을 클릭해 파일 명을 '_(수동)은우여행vol.1'로 입력하여 저장합니다.

② 독자는 '_(수동)은우여행vol.1' 파일을 불러옵니다. 하단의 [읽기용 보기](📖)를 클릭하여 읽습니다. [이전](◀), [다음](▶)을 클릭하여 페이지를 이동할 수 있습니다. 읽기를 마치려면 Esc를 누릅니다. [슬라이드 쇼]로도 읽을 수 있습니다.

CHAPTER 20

비디오 제작과 핸드폰으로 전송하기

POINT

여기서는 PowerPoint 프레젠테이션(.pptx) 파일로 비디오를 만들고
그 용량을 줄여서 핸드폰으로 전송하기까지의 과정을 배웁니다.

완성 화면 미리 보기

여기서 배워요! 비디오 만들기, 용량 줄이기, 핸드폰으로 전송하기

비디오 만들기

1 ‘파워포인트 2013’을 실행한 후 [예제파일]-[_은우여행vol.1_20강] 파일을 불러옵니다. [파일]-[내보내기]-[비디오 만들기]를 차례대로 클릭합니다. 이후 ‘컴퓨터 및 HD 디스플레이’를 확인하고 [비디오 만들기]를 클릭합니다.

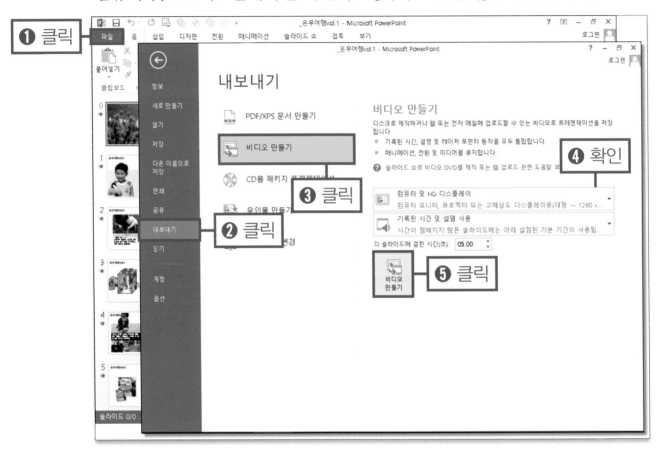

2 저장 위치는 그대로, 파일 이름은 ‘_은우여행vol.1’로 입력하고 [저장]을 클릭합니다.

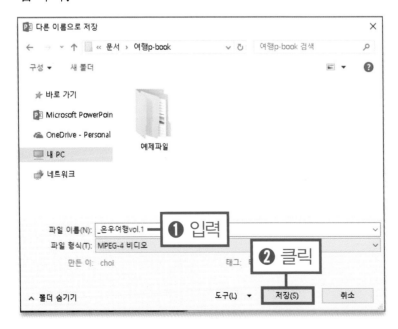

3 '비디오 만들기'가 시작되면 화면 아래쪽에 작업 진행률이 나타납니다. 완료될 때까지 기다립니다.

STEP 2 **비디오 용량 줄이기**

4 비디오 [_은우여행vol.1.mp4]의 용량은 '132MB'입니다. 용량을 줄이기 위해 인터넷 포털 사이트에서 '샤나인코더'를 검색하여 설치합니다.

비디오의 용량을 줄이면 핸드폰으로 전송할 때 데이터 소모량이나 전송 시간, 저장 공간 사용량을 줄일 수 있습니다.

5 바탕 화면에서 [샤나인코더]( )를 더블클릭하여 실행합니다. [파일 추가]를 클릭하여 [_은우여행vol.1.mp4]를 불러옵니다. 오른쪽의 [파일변환]에서 ( )를 클릭한 다음 펼쳐진 목록 가운데 'MP4.xml'을 찾아 마우스 오른쪽 버튼을 누른 후 [빠른 설정]을 클릭합니다.

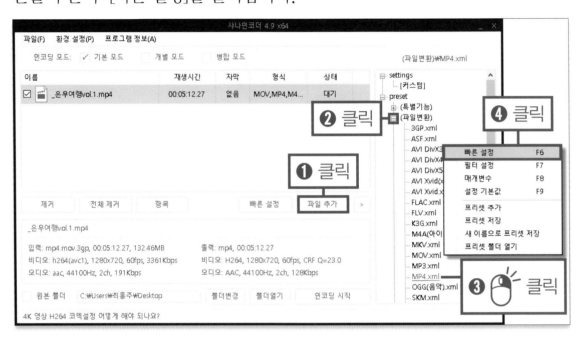

6 '파일 형식'은 [mp4], '사이즈'는 [640 X 360], '오디오 코덱'은 [MP3], '오디오 비트레이트'는 [64]로 각각 클릭하여 지정합니다.

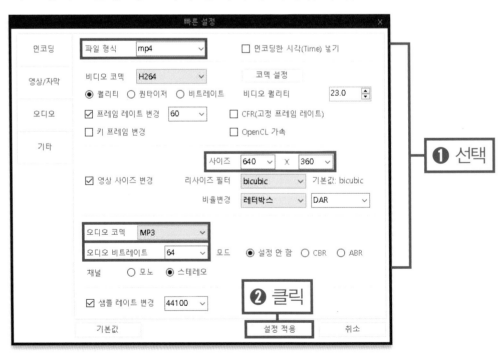

7 ···· [폴더변경]을 클릭하여 저장 위치를 지정하고 난 후 [인코딩 시작]을 클릭합니다.

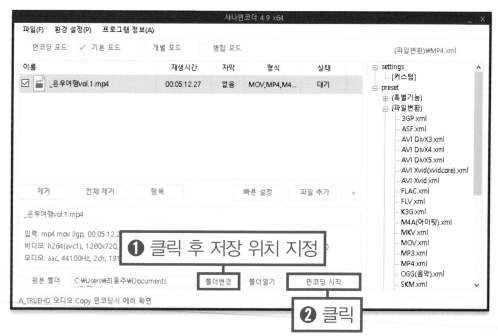

❶ 클릭 후 저장 위치 지정

❷ 클릭

8 ···· 인코딩된 [[SHANA]_은우여행vol.1.mp4]의 용량은 '10MB'입니다. 이것을 핸드폰 공유용으로 쓰고 고용량의 비디오는 컴퓨터에서 재생과 인터넷 공유에 사용하도록 합니다.

STEP 3 핸드폰으로 전송

9 ···· 컴퓨터와 핸드폰에 각각 파일 전송 프로그램 'Send Anywhere'를 설치합니다.

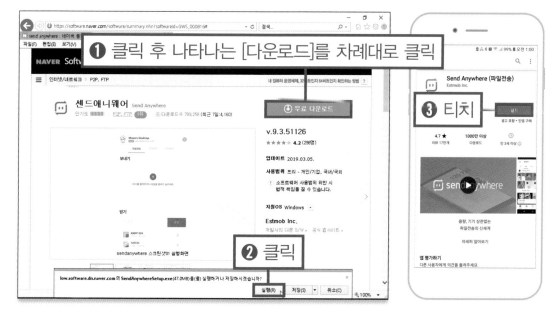

❶ 클릭 후 나타나는 [다운로드]를 차례대로 클릭

❸ 티치

❷ 클릭

10 컴퓨터 바탕화면에서 [Send Anywhere](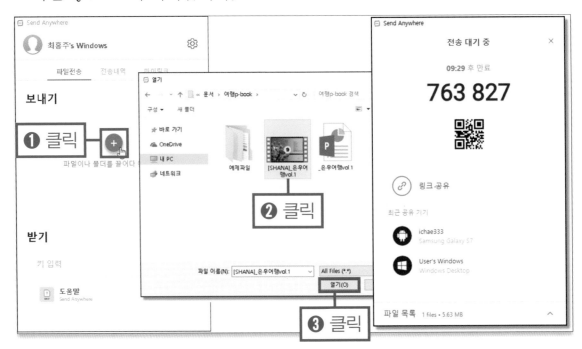)를 더블클릭하여 실행합니다. '보내기'의 (⊕)를 눌러 [[SHANA]_은우여행vol.1.mp4] 파일을 불러옵니다. 그러면 QR 코드가 나타납니다.

11 핸드폰에서 [Send Anywhere]()를 터치하여 실행합니다. 하단의 [받기]를 터치한 후 [QR 코드 인식](🔲)을 터치하여 컴퓨터의 QR 코드에 화면을 맞춥니다. 받기가 100% 완료되면 핸드폰의 [갤러리 앱]을 터치합니다. 방금 받은 [[SHANA]_은우여행vol.1.mp4]를 터치하여 재생합니다.

쓱 하고 싹 배우는
파워포인트 2013

1판 1쇄 발행 2019년 7월 3일

저   자 | 최홍주
발 행 인 | 김길수
발 행 처 | ㈜영진닷컴
주   소 | 서울특별시 금천구 가산디지털2로 123 월드메르디앙벤처센터 2차
           10층 1016호
등   록 | 2007. 4. 27. 제16–4189호

ⓒ2019. ㈜영진닷컴

ISBN 978-89-314-6116-9